ÉTUDE ÉCONOMIQUE

SUR

LIBRE-ÉCHANGE

ET

PROTECTION

PAR

Eugène BARDOU

INDUSTRIEL

Ancien Maire de Perpignan

Chevalier de la Légion d'Honneur

Officier d'Académie

Etc., Etc.

PERPIGNAN

IMPRIMERIE DE L'INDÉPENDANT, 3, RUE LAZARE ESCARGUEL

—

1897

ÉTUDE ÉCONOMIQUE

SUR

LIBRE-ÉCHANGE

ET

PROTECTION

ÉTUDE ÉCONOMIQUE

SUR

LIBRE-ÉCHANGE

ET

PROTECTION

PAR

Eugène BARDOU

INDUSTRIEL

Ancien Maire de Perpignan

Chevalier de la Légion d'Honneur

Officier d'Académie

Etc., Etc.

~~~~⚡~~~~

PERPIGNAN

IMPRIMERIE DE L'INDÉPENDANT, 3, RUE LAZARE ESCARGUEL

—

1897

ÉTUDE ÉCONOMIQUE

LIBRE-ÉCHANGE ET PROTECTION

PRÉFACE

Le 11 août 1895, M. Dupuy-Dutemps, ministre des Travaux publics, venait à Perpignan, délégué par le Gouvernement, pour l'inauguration du monument érigé en l'honneur des Enfants des Pyrénées-Orientales morts pour la Patrie durant la guerre néfaste de 1870-71. Au cours des réceptions qui furent faites à M. le Ministre, dans un grand banquet qui lui fut offert, je portai le premier toast, en ma qualité de Maire de Perpignan. Dans les quelques paroles de bienvenue que j'adressai à M. le Ministre, ne voulant pas déroger aux habitudes quand on a le bonheur d'avoir un membre du Gouvernement dans une ville, je demandai certaines choses qui étaient du ressort du département de M. Dupuy-Dutemps, entre autres la facilité des transports et leur prix réduit pour l'exportation des primeurs qui devaient être la véritable fortune du département des Pyrénées-Orientales ; à ce propos je glissai la phrase suivante :

« Notre pays est un pays de vins et de primeurs; aux premiers accordez la protection qu'ils récla-ment, — par protection j'entends la suppression de la fraude, car je ne veux ni ne puis soutenir ici une discussion entre libre-échange et protection, je serai mauvais avocat pour cette dernière opinion, mes sentiments étant plutôt portés vers le libre-échange — ».

Je constatai sur la physionomie des personnages qui assistaient au banquet : députés, sénateurs, président de chambre de commerce, un mouvement de stupéfaction. Mes amis vinrent ensuite me repro-cher d'avoir prononcé ces imprudentes paroles. Comment, me disait-on, alors que dans notre dépar-tement on est protectionniste à outrance, avez-vous osé, vous, le premier magistrat du chef-lieu, vous déclarer fortement libre-échangiste? D'autres ajou-taient, vous allez vous rendre impossible dans n'im-porte quel mandat électif! D'autres me félicitèrent, au contraire, de ma franchise. Je répondis à tous, que je cherchais depuis bien longtemps une occasion pour dire franchement mon opinion sur une pareille question, et que j'avais cru celle-là bonne : au demeurant, je déclarai que dans une question de cette importance, je ne saurais être influencé par un courant d'opinion passager dans notre département, car je pensais qu'on se trompait et qu'on reviendrait de cette erreur, le jour où on aura expliqué clairement, longuement, et d'une façon précise, cette grave question économique à nos populations.

Et je laissai paraître mon toast in-extenso.

Depuis longtemps, bien longtemps, près de vingt ans, je travaille sur ce métier, accumule des notes, collectionne des documents, la circonstance dont je viens de parler m'oblige à déclarer franchement ma manière de penser et m'incite à publier mes notes et faire connaître le fruit de mes études. C'est ce que je me propose dans le travail qui suit. J'ai rencontré beaucoup de difficultés, et suis passé au cours des études approfondies que je viens de faire, par des alternatives diverses qui, à certains moments me mirent, je l'avoue, dans un certain embarras, sur-tout quand je fus amené à reconnaître qu'à priori aucun système n'était admissible, en tant que système.

L'exposé que j'ai l'honneur de présenter au public, est, il le reconnaîtra, j'en suis certain, une étude consciencieuse, sans parti-pris, honnête et loyale.

L'idée-mère, à savoir que la situation économique d'un pays est la résultante d'une quantité d'éléments qui doivent être examinés avec soin, quant à leur nature, leur cause, leur mode d'action, leur influence, etc., m'a entraîné beaucoup plus loin que je ne le pensais au début; je me proposais de présenter aux lecteurs une petite brochure, mais, à mesure que la lumière se faisait dans mon esprit, j'ai reconnu que la question devait être traitée complètement ou pas du tout, et que je n'atteindrai le but que je me proposais que par l'étude approfondie des conditions économiques des pays appelés à régler les bases de leur commerce international : cette étude ne pouvait se faire sans se livrer à l'examen de la race, de ses aptitudes, des productions naturelles, des industries existantes, des capitaux, du change, etc., etc. C'est ce que j'ai fait avec la plus grande impartialité.

Pour donner la plus grande clarté possible à mon exposé, je l'ai divisé en trois parties principales :

1° Exposé général. — Libre-échange et protection. — Étude des deux systèmes, et appréciation.

2° Espagne. — Étude complète de ce pays et régime douanier.

3° France. — Subdivision en trois parties : Agriculture, Industrie, Commerce.

De l'ensemble de ces parties résulte l'exposé de ce qu'est en réalité la question économique en France. On aperçoit de prime abord que ni les deux systèmes : Libre-échange et Protection, ni tout autre régime purement douanier, si parfait et si mobile qu'il puisse être conçu, ne donnera la solution d'une question autrement complexe qu'elle ne le paraît au premier observateur.

Les transports *jouent un rôle important, et il est certain que, même au prix d'une complication plus apparente que réelle, on tirerait avantage des tarifs doubles ayant un barême différent selon les sens du parcours pour l'entrée des matières premières ou la sortie des produits d'exportation.*

Les IDÉES d'initiative, d'ordre, d'économie, de prévoyance, d'apprentissage manuel *plus sérieux, etc., etc., doivent être développées dans la classe des ouvriers d'industrie, pour augmenter la production, améliorer leur sort et leur faire aimer leur métier.*

L'instruction, *la vulgarisation des faits nouveaux, l'emploi judicieux des aides mécaniques, etc., doivent être développés d'une manière intense au sein des populations agricoles, l'enseignement devra être différent sur les divers points du territoire.*

Le commerce *surtout à l'extérieur devra être encouragé, poussé, récompensé, une classe nouvelle devra être créée, celle des courtiers directs, de nombreux jeunes gens trouveront là un débouché à leur activité.*

La politique coloniale *devra être suivie et orientée de manière à protéger exclusivement les intérêts français en écartant les étrangers de toutes les entreprises lucratives; là, la Protection la plus large devra être appliquée.*

Enfin, tâche bien ardue, des hommes persévérants devront tenter de ramener l'idée des hautes classes vers l'agriculture d'une part, et vers l'industrie de l'autre : à force d'insistance on parviendra peut-être à diriger de nouveau vers ces deux sources de la prospérité nationale les capitaux que les valeurs d'État et celles de la spéculation attirent pour en engouffrer une grande partie.

Toutes ces questions sont traitées dans ce travail, en le publiant je crois remplir un devoir, et je n'agis que mû par un véritable désir d'être utile, en mettant au service de l'intérêt national tout mon dévouement, mon zèle et mon patriotisme.

Perpignan, le 31 janvier 1897.

Eugène BARDOU.

LIBRE-ÉCHANGE ET PROTECTION

I

Quels flots d'encre, quels torrents de paroles, ces deux mots n'ont-ils pas fait couler, surtout en ces 20 dernières années ! Quel sujet, malgré son importance est resté plus obscur, plus contesté !

Tous, économistes, industriels, agriculteurs, hommes d'État, ont plus ou moins agité la question ; tous ont remué des chiffres, trouvé des arguments, prenant en quelque sorte plaisir à rendre leurs travaux plus abstraits, plus arides, mais peut-on dire qu'ils ont apporté un peu de lumière dans la discussion ? Qu'ils l'ont même placée sur un terrain pratique ?

Nous ne le pensons pas : les économistes, parce que ce sont des théoriciens purs ; les industriels et les agriculteurs parce que leurs intérêts personnels les incitent trop à prendre le parti qui leur est favorable, sans tenir compte des autres ; les hommes d'État, parce qu'ils sont trop souvent portés à faire de la politique un métier soumis à un aléa périodique, *la réélection :* les opinions dictées aveuglément par les intérêts étroits d'une région, ne sont destinées qu'à gagner et conserver les suffrages.

Fort de notre *indépendance absolue,* nous allons tenter d'apporter le concours de nos faibles lumières, fruit de nos études depuis près de vingt ans, à l'œuvre éminemment utile de l'étude et de la vulgarisation d'un sujet d'importance capitale, sur lequel, nous n'hésitons pas à le dire, il est grand temps de soulever une polémique et une discussion sérieuses, pouvant amener une modification de nos lois économiques.

Familiarisé depuis longtemps par un examen approfondi de toutes les discussions, de toutes les doctrines, et surtout de tous les faits pratiques, avec les documents les plus divers, et d'une authenticité absolue que nous recueillons chaque jour, nous serons heureux si nos efforts parviennent à appeler l'attention sur le véritable terrain de la question qui nous semble inconnue du plus grand nombre.

Et d'abord quelques définitions :

Les *libre-échangistes* veulent que les échanges internationaux jouissent de la plus entière liberté.

Ils se réclament de Goumay et prennent pour devise son fameux : « *Laissez faire, laissez passer.* »

Les *protectionnistes* veulent que le cours des échanges soit réglé par certaines mesures administratives ou fiscales ; suivant eux, le principe dominant tous les autres est que le travail national doit être protégé par une barrière de douanes contre les dangers de la concurrence étrangère.

Entre ces frères ennemis se tient un troisième groupe, qui préconise une protection modérée, propre à donner à tous une satisfaction moyenne qui ne compromette rien.

Chacun de ces trois groupes, cantonné dans ses positions, placé d'avance sous l'empire d'une idée exclusive, ou d'un intérêt personnel et étroit, n'a jamais posé la question du commerce international d'une manière à la fois scientifique, générale et vigoureuse ; or, elle présente trois caractères, politique, économique et social dont la nature et les effets ne peuvent être étudiés que par une investigation attentive et développée de toutes les circonstances capables d'agir à ce triple point de vue.

.·.

Les *économistes* emploient pour les études théoriques dont ils ont gardé le monopole la méthode suivante : ils posent, *à priori*, une conception toute idéale des choses et émettent une série de principes personnels à l'esprit qui les créa. Leurs raisonnements n'ont dès lors que la valeur du point de départ : si celui-ci est juste, la théorie peut l'être aussi, dans une mesure plus ou moins grande; dans le cas contraire, tout est erroné.

Cette méthode est évidemment *fautive*, il nous suffit d'établir qu'elle est bien celle qu'emploient les *économistes* pour montrer que leurs conclusions n'ont que des *chances de vérité* opposées à des *chances* bien plus nombreuses *d'erreur*.

Nous pourrions peut-être nous contenter de citer cette opinion de M. Lujo Brentano : « L'économie politique clas-« sique a créé un homme exempt de toutes les empreintes que « lui donnent le métier, la classe, la nationalité et son degré « de civilisation..... elle ne connaît point de différence de « race, de religion, de siècle..... sa psychologie n'a que « deux mobiles comme ressort des actes de l'homme », mais pour qu'il ne reste aucun doute dans l'esprit, voici comment s'exprime Adam Smith, l'un des fondateurs de l'économie politique : « Si toutes les nations venaient à suivre le noble « système de la liberté des échanges, les différents États « entre lesquels se partage un continent ressembleraient à cet « égard aux différentes provinces d'un grand empire. De « même que suivant les témoignages réunis de la raison et « de l'expérience la liberté du commerce intérieur est non-« seulement le meilleur palliatif des inconvénients d'une « cherté, mais encore le plus sûr préservatif contre la « famine, de même la liberté des importations et des expor-« tations le serait entre les différents États qui constituent « un vaste continent ([1]).

Sans nous arrêter pour le moment au *libre-échange* que préconise Adam Smith, nous retenons seulement le procédé

(1) *Richesse des Nations*, Paris 1843, tom. II, p. 144.

« *de l'École.* » Il consiste à SUPPOSER que les différents États
occupent une situation géographique équivalente : que leurs
qualités climatériques, culturales, minérales sont égales,
que les populations qui les occupent sont pareillement douées
et organisées pour le travail. Or, chacun sait combien sont
déjà sensibles, dans un pays comme la France, les différences du sol, de position, de race du Nord au Midi ! — L'erreur
d'Adam Smith est donc de bâtir son système sur une conception *à priori* contraire à la réalité.

Adam Smith vivait à la fin du siècle dernier. Contestées
par les hommes de gouvernement et les praticiens, adoptées
seulement en 1860, souvent démenties par les faits, ses idées
sont de nouveau discutées avec une grande vivacité, mais
sa *méthode est restée* celle des économistes *contemporains;*
M. Baudrillart, dans son *Manuel d'Économie politique*
(3ᵉ édition 1872), écrit : « Le commerce entre les nations
« présente le même avantage que le commerce de province à
« province..... », et M. Ch. Gide, professeur à la Faculté de
Droit de Paris, dans ses *Principes d'Économie politique,*
publiés en 1891, pose en principe : « L'Économie politique
« n'admet pas et ne comprend pas que le commerce inter-
« national soit soumis à d'autres règles qu'un commerce
« quelconque. »

M. Gide, comme ses *anciens,* identifie en bloc toutes les
situations et professe cette opinion qu'il n'y a point de
différence entre les rapports établis chez les habitants d'un
même État et ceux qui interviennent entre pays différents.
Économiquement parlant, insiste-t-il; mais alors pourquoi
les pays libre-échangistes, comme la Turquie et la Perse,
voient-ils leur industrie nationale nulle ou monopolisée par
les étrangers? tandis que l'Angleterre a pu mettre son
commerce et sa production *hors de pair* bien longtemps
avant d'appliquer la théorie du libre-échange? Pourquoi les
États-Unis de l'Amérique du Nord marchent-ils à pas de

géants dans la voie du progrès en dépit de l'existence d'un tarif *prohibitif?*

Les faits démentent évidemment la théorie; mais les économistes n'en tiennent pas compte. Tout au plus certains d'entre eux, sentant le néant de leur conception d'internationalisme humanitaire, tentent-ils de l'amender en soutenant que l'intérêt national abandonné aux hasards de la lutte économique doit être soutenu, s'il faiblit, par l'action *multipliée, personnelle de l'État.*

Tel est l'enseignement officiel que l'on impose aux jeunes gens de nos Écoles de Droit, avec la sanction d'un examen obligatoire!

Tous les économistes de professions sont *libre-échangistes intransigeants;* à les en croire, le régime idéal de la liberté absolue est le seul qui puisse assurer la richesse et le bonheur universels. Or, cette conception théorique se heurte à chaque instant aux contradictions de la vie pratique ; il est bien évident, en effet, que l'homme, étant donnés sa nature et ses besoins d'une part, la différence des milieux et des organisations d'autre part, ne peut se plier toujours et partout aux exigences d'une seule et unique théorie.

Depuis longtemps la sagesse populaire a répondu aux économistes « *primo vivere deinde philosophari* », mais ils n'en tiennent nul compte comme nous l'avons établi.

⁂

Les *hommes d'affaires,* industriels et agriculteurs, n'obéissent pas d'abord comme les économistes, à un raisonnement sophistique, mais ils réduisent, au moins dans beaucoup de cas, leur conception au niveau d'un intérêt mal entendu. Disons tout de suite qu'ils sont tout aussi absolus dans leurs opinions, tout aussi exagérés dans leurs prétentions ; pour eux la *protection complète* est la situation normale, nécessaire de droit.

La plupart d'entre eux craignent par dessus tout la concurrence et l'effort nécessaire pour lui résister ; leur idéal est un courant de transactions, sur un marché limité, mais sûr, sans transformations coûteuses, mais avec des profits assurés.

Voyant bien le but qu'ils veulent atteindre ils ne reculent pas alors devant les sophismes pour établir, avec un semblant de raison, le bien fondé de la doctrine qu'ils professent ; la Chambre de commerce de Rouen écrivait, en 1814, dans une pétition : « La prohibition est de droit politique et social. « Depuis le fabricant qui a employé tous ses moyens pécu- « niaires à former un établissement, jusqu'à l'ouvrier qui y « trouve un moyen d'existence pour lui et sa famille, tous « réclament, et avec raison sans doute, le droit de fournir « exclusivement à la consommation du pays qu'ils habi- tent. » (¹)

S'il est absurde de dire que le libre-échange est une règle absolue, il ne l'est pas moins de prétendre que l'acheteur appartient exclusivement au fabricant le plus voisin et doit subir sans condition sa loi, si dure soit-elle. Il suffit d'indi- quer qu'avec un tel système, permettant à une classe de citoyens d'exploiter toutes les autres, on arrive rapidement aux haines et aux guerres sociales ; l'histoire offre de fréquents exemples de malheurs publics qu'ont amenés de tels abus.

⁂

Examinons les deux systèmes en présence et voyons ce qu'ils nous offrent respectivement.

Le *libre-échange* favorise d'une manière générale le mou- vement des produits d'une contrée *génératrice* sur les con- trées *moins pourvues* : les prix des transports seuls viennent

(1) M. Amé. — *Etude sur les Tarifs de Douane, 1876.*

en composition avec les cours pratiqués, tant dans les pays d'origine que dans ceux de consommation.

Or, les produits d'un pays sont :

Ou ses richesses *naturelles*, métaux, combustibles, produits spontanés du sol, bois, etc.;

Ou les fruits de son agriculture ou *culture vivrière*, pommes de terre, céréales, fromages, etc., et de ses *cultures industrielles*, vin, fruits fins, lin, matières colorantes, etc.;

Ou les objets, machines, etc., provenant de son *industrie manufacturière*.

Dès lors, si un pays *libre-échangiste* reçoit avec avantage ceux des produits précédents qui ne lui sont fournis qu'en quantité inappréciable ou insuffiante par son sol ou sa culture, ou son industrie, il voit en même temps son marché envahi :

1° Par les produits des pays fertiles où la terre est gratuite ou à bon marché, vierge ou à production intense, où la main-d'œuvre est à bon compte, etc.; ses principales denrées indigènes, ne pouvant paraître sur les marchés aux prix de la concurrence étrangère, ne tarderont pas à en être exclues; la production agricole sera restreinte d'autant.

Toute une classe, les ruraux, voyant diminuer ses ressources, mettra en harmonie avec celles-ci sa *consommation d'objets fabriqués*, portant ainsi un coup à l'industrie nationale. Celle-ci devra à son tour restreindre sa consommation de denrées vivrières et sera incapable d'occuper les millions de bras que la culture laissera dans le chômage.

Au fonds, les deux grandes branches du travail, agricole et industriel, d'un pays sont solidaires et si l'une souffre, l'autre s'en ressent.

2° Le marché du pays libre-échangiste sera encore envahi par les produits manufacturés des pays industriels habités par des races plus actives ou mieux munies de matières premières, de capitaux, vendant des articles plus variés, imités, plus communs, etc.

Le commerce d'exportation, où le contrôle est plus difficile, sera le premier à employer le produit, même inférieur, mais coûtant moins ; le commerce intérieur, toujours guidé par un désir de lucre plus élevé, délaissera la production nationale. — Dès lors, les ressources des producteurs en majorité, baissant, on observera un resserrement du travail, une baisse des salaires et une réduction de la consommation.

D'où vient que des esprits éclairés, quoique prévenus en faveur du *libre-échange*, n'aient pas aperçu tous ces inconvénients, dont la tendance à se produire est manifeste ? C'est que les théoriciens ne considèrent qu'une face de l'individu : *le consommateur*, sans s'occuper de l'autre face : *le producteur*, oublient que la grande majorité des *consommateurs* est composée de gens qui sont en même temps *producteurs*, et dès lors doublement engagés dans la question.

La production intéresse davantage l'individu que sa consommation car il règle la seconde sur la première et en fait la base de sa situation. Ceux qui produisent beaucoup, gagnent en proportion et acceptent volontiers de payer un peu plus cher leurs denrées, leurs vêtements, etc.

La production vient-elle à se restreindre, ils diminuent d'autant leur consommation, telle est la réalité des faits.

Donc, le *libre-échange* livre le marché indigène des pays qui l'adoptent aux pays vierges, producteurs naturels, et aux pays à production industrielle intense ; par contre, il en reçoit à bon compte, les matières premières dont il a besoin, et les objets manufacturés qu'il ne fabrique pas ou peu.

Nous apercevons déjà ici que (quand notre période d'exposition sera terminée) nous devrons examiner ces éléments :

Production du sol du pays;

Production de son industrie, pour en reconnaître l'influence relative.

Pour l'instant, nous concluons que si séduisant que soit le principe du *libre-échange*, sa pratique *irraisonnée* peut entraîner des inconvénients, et cela suffit pour que nous ne l'acceptions pas *de plano* et sans examen.

.·.

La protection prohibe l'entrée de tous les produits naturels ou manufacturés que l'on rencontre dans le pays protégé.

Nous avons dit qu'elle favorise sans contrôle une classe de citoyens au détriment de tous les autres ; cet inconvénient suffit pour écarter de suite le principe de la protection prohibitive.

On dit parfois que le protectionnisme entraîne une *élévation* du prix de vente des produits indigènes, — cela n'est pas toujours exact, comme nous pourrions aisément le prouver, mais ce système a d'autres défauts, qui, sans l'existence de l'inégalité des classes qu'il favorise, le feraient rejeter également dans son absolutisme.

Quand la production naturelle est limitée, le pays doit favoriser l'importation des matières premières, *il ne peut donc être protectionniste* ; quand diverses causes, tenant à l'organisation sociale ou à certains errements de la race, nuisent à l'activité de la production, la protection absolue deviendrait une nouvelle prime à l'indolence et à la routine. La grande enquête de 1834 a maintes fois enregistré cet aveu regrettable : « Couverts par la prohibition, nous ne « nous sommes pas enquis de ce qui se passait au delà de « nos frontières. » (1)

Pas plus que le libre-échange, le protectionnisme ne peut être accepté à priori.

Nous retrouvons dans ces quelques idées, suggérées par le protectionnisme, la *nécessité d'un examen approfondi* des

(1) Amé. — *Les Tarifs de Douane.* T. I. p. 312.

conditions dans lesquelles sont placées la production agricole et la production industrielle d'un pays pour étudier et définir le régime douanier qui lui convient.

Nous n'avons eu d'autre but, en passant en revue certains arguments qui militent en faveur des deux systèmes en présence, ou qui au contraire leur sont défavorables, que d'établir ceci : ni l'un ni l'autre ne sont acceptables, partout et toujours, ils découlent de principes particuliers incomplets et entraînent de grands inconvénients, ce qui *prouve* le bien fondé de notre opinion annoncée au début de cette étude : *la question du commerce international n'a été posée sur son véritable terrain, ni par les libre-échangistes, ni par les protectionnistes.*

Mais les partisans de l'un ou de l'autre système ont écrit des volumes, prononcé maint discours, — qu'y a-t-il dans toute cette agitation stérile ? Des statistiques, puis des statistiques, et encore des statistiques que les adversaires s'opposent réciproquement, le dernier par ordre chronologique prenant un air de défi qui rappelle assez l'attitude des artilleurs de la marine et des ingénieurs des constructions navales dans la lutte homérique du canon et de la cuirasse.

Nos adversaires, après avoir établi leur siège d'avance, cherchent à prouver leur dires...... avec ce qui leur tombe sous la main : les statistiques commerciales semblent être une arme utile ! Vite, on choisit les chiffres qui conviennent à la thèse qu'on soutient, on néglige les autres, — la méthode étant incomplète on se contente d'indications partielles. Habilement présentées, elles constituent, nous devons le reconnaître, un trompe-l'œil d'autant plus dangereux qu'il a une apparence de vigueur très séduisante.

Eh bien, nous allons mettre la paix en établissant que les statistiques ne prouvent *rien*, ne peuvent *rien* prouver, et donnent tout au plus l'indication de certaines tendances......
Mais, elles sont puissantes Mesdames les statistiques, elles

ont pour elles l'opinion publique ; s'attaquer à elles, c'est beaucoup entreprendre. — Toutefois, comme elles n'ont aucune prétention personnelle, qu'elles jouent seulement le rôle qu'on leur fait jouer, elles seront vite d'accord avec nous pour proclamer qu'il ne faut leur faire dire que..... *ce qu'elles signifient réellement.*

.•.

Trois causes, les mêmes *dans tous les pays*, vicient inévitablement les chiffres de la statistique douanière, et quand nous aurons cité le fait suivant, nous aurons appelé suffisamment l'attention sur le point particulier que nous traitons.

Dans son *rapport au conseil supérieur du commerce,* M. J. Hayem, écrivait en 1890 : « Nous avons déjà observé « que les chiffres de l'administration des douanes n'étaient « pas conformes à la réalité. Ainsi la moyenne des chiffres « d'affaires avec le Mexique, non-seulement pour la lingerie « mais en outre pour le vêtement, est pour la période dé « cennale de 1867 à 1876 de 713,671 francs. Il suffit de citer « ce chiffre pour qu'il soit permis de sourire..... Une « seule de nos maisons de commission en relations avec « cette contrée peut atteindre ce chiffre, et, sans exagération « le dépasser.....

« Il en est de même pour le chiffre d'affaires réalisées avec le « Pérou : on indique pour 1876 la somme de 1,962,363 francs; « c'est à peine le mouvement de deux à trois maisons im « portantes.....

« L'Urugay, dit le tableau, a reçu en 1875 pour une « somme de 1,106,704 francs de vêtements et lingerie..... « il n'est personne qui ne sache que Montévidéo reçoit an « nuellement plus du double..... rien qu'en chemises « d'hommes ! »

Trois causes avons-nous dit, vicient les chiffres de la statistique douanière, ce sont : l'imperfection des procédés d'investigation, l'indifférence des agents, la résistance du public. De là, les conséquences suivantes :

1° La douane est dans l'impossibilité de relever la totalité des entrées et des sorties de marchandises et de numéraire.

Quantité d'articles de valeur sont importés dans les différents pays ou en sont exportés sous forme de vêtement, de lingerie, de bijoux, d'objets de mode, de numéraire, etc., par la foule de gens qui voyagent pour leur plaisir ou leurs affaires. Des *millions* circulent *ainsi* sans que la douane en tienne le moindre compte.

La franchise douanière dont jouissent les correspondances postales est encore une grave cause d'erreurs ; non-seulement des valeurs papier ne sont pas déclarées mais on envoie par la poste quantité d'articles que la douane ne contrôle pas ; les colis postaux transportent une grande quantité d'objets de luxe sans que la douane s'en préoccupe (¹).

Enfin, la contrebande vient dissimuler une partie des échanges sur lesquels la douane ne peut donner aucune appréciation. En France, où le service des douanes est réputé pour sa vigilance, son intégrité, son organisation supérieure, où la surveillance est relativement facile sur des frontières restreintes, la circulation occulte est déjà considérable.

Récemment à Halluin, sur la frontière belge, un procès retentissant a abouti à une condamnation ordonnant la restitution de *trois millions de francs,* par estimation, pour droits non payés sur les pièces de toiles introduites en fraude!

2° La douane ne peut apprécier exactement ni en quantité, ni en espèce, ni en valeur, la plupart des articles qu'elle recense.

Cette incapacité provient de deux causes principales : de la fraude et de l'imperfection du procédé de contrôle et d'évaluation.

A l'entrée, l'importateur lutte avec le service douanier,

(1) M. Permezel, conseil supérieur du commerce. — 1890.

celui-ci essaie en principe d'assurer la perception exacte du droit établi, celui-là s'efforce de payer le moins possible. On ne calomnie point le commerce en disant qu'il en est ainsi dans la plupart des cas, — bien peu de personnes parmi les plus rigides, hésitent à tromper le fisc et avec l'âpreté de la concurrence, une économie de quelques unités pour cent sur le droit de douane peut assurer le bénéfice du commerçant.

Pour se rendre compte de la portée des fraudes possibles, il faut indiquer les divers modes de perception en usage à la douane, il y en a deux :

1° Les droits peuvent être fixés à tant p. %, *ad valorem* c'est-à-dire selon la valeur des marchandises ;

2° Ou ils sont basés sur un tarif *spécifique,* c'est-à-dire d'après la nature et la quantité des produits.

Dans le premier cas, on demande à l'importateur une déclaration portant la quantité, la nature et la valeur des marchandises. Le service vérifie avec une rigueur plus ou moins grande, selon le zèle et le nombre des agents, ou l'encombrement des entrepôts. Le commerce use de mille moyens difficiles à déjouer, pour payer le moins possible, on se contente d'un à peu près.

Ce système est tellement vicieux, qu'on y a renoncé en France « parce que les intérêts du Trésor étaient lésés dans « une mesure par trop considérable par la fraude sur les dé- « clarations ! » (POUISARD 1893.)

En Turquie, où l'importation ne paie pas plus de 8 p %, on considère que les valeurs déclarées sont inférieures de 25 à 30 p. % à la réalité. (Consular reports 1887).

— 1891 pour Gênes).

Dans le second cas, celui du tarif *spécifique* la douane n'est pas plus sûre de ses chiffres. En réalité l'administration combine ses tarifs de telle sorte que la quotité du droit à payer soit proportionnée à la valeur des articles taxés, parce que cette base est la plus équitable au point de vue fiscal ; elle divise donc les produits connus entre des catégories assez rapprochées pour que le droit soit proportionné à la valeur. Quand il s'agit d'un numéro du tarif ne comportant que peu de subdivisions comme le 652

			Tarif. Max.	Tarif. Min.
Parapluies et Parasols,	De coton......	la pièce	0.50	0.25
	D'alpaga......	—	0.75	0.50
	De soie.......	—	1.75	1.25

le douanier qui a cependant une vérification assez minutieuse à faire, peut encore s'en tirer.

Mais voici le n° 404 dont nous ne reproduisons que *6* subdivisions alors qu'il en compte *25*.

TISSUS DE COTON PUR, UNIS, CROISÉS ET COUTILS

	Tarif. Max.	Tarif. Min.
404 — Ecrus, présentant en chaîne et en trame dans un carré de 5 ¾ de côté, ceux pesant : 13 kil. et plus, les 100 mètres carrés 27 fils et moins .... les 100 kil..	80	62
— 28 à 35 fils.... —	100	77
— 36 à 43 fils.... —	125	96
— 44 fils et plus.. —	153	118
— 11 kil. inclusivement à 13 kil. exclusivement 27 fils et moins....... les 100 kil.	91	70
— 28 à 35 fils...............	113	87

....

Quel est donc le commis de douane le plus instruit, le plus intelligent, le plus expérimenté qui, au milieu du port de Bordeaux ou du Hâvre, en présence d'une quantité d'importateurs intéressés à le tromper, ne sera pas en effet trompé sur le poids, l'espèce, la catégorie?

S'il s'agit de la soie, on ne peut, par aucun moyen pratique, déterminer la proportion de soie qui entre dans l'étoffe : les mélanges d'autres textiles, les charges de teintures en modifient si complètement la nature, qu'il faut les opérations les plus savantes et les plus minutieuses pour reconstituer même approximativement, la quantité de soie qui s'y trouve.

Dès lors, la statistique douanière, qui devrait être la photographie en quelque sorte du mouvement des marchandises, n'en est qu'une image inexacte et tronquée.

Nous avons dit que la douane ne pouvait pas apprécier la *valeur* des marchandises qui circulaient; en effet, le tarif spécifique définissant les catégories est muet sur la valeur correspondante, et cependant l'administration indique dans ses tableaux *la valeur actuelle des marchandises entrées ou sorties, et très généralement on* NE RAISONNE *que sur les* CHIFFRES DE VALEUR *ainsi indiqués.*

Comment ces chiffres sont-ils établis en France ? par une commission de notables des principales spécialités : la commission des valeurs en douane.

Elle se divise en sous commissions : soie, coton, laine, produits des fermes, etc., qui fixent la valeur des objets pour l'année courante. C'est au moyen de ce tableau que le commis évalue par exemple une caisse de 250 kilog. contenant un tissu écru de coton, classé dans la catégorie pesant au moins 13 kilog. les 100 mètres carrés et comptant de 36 à 43 fils en chaîne et en trame aux 5 ⅝ carrés !

3° Ajoutez aux deux causes d'erreurs précédentes, l'effet des négligences ou de nouvelles erreurs des commis chargés de colliger les chiffres et dites-moi quel est votre avis sur la véritable *valeur statistique* des chiffres de la douane ?

.·.

Mais si, pris isolément, les chiffres du tableau des douanes n'ont aucun des caractères de précision et d'exactitude que l'on peut désirer, que dire des arguments que tirent les théoriciens divers qui les comparent entre eux ?

A chaque instant on rapproche les chiffres de l'administration les uns des autres, on cherche à se rendre compte des différences qui se sont produites, dans un même pays, entre deux époques ou deux périodes déterminées, — on compare les chiffres relatifs à deux pays quelconques pour en déduire leur situation réciproque. Or, tenons pour exacts les chiffres en eux-mêmes et voyons quel est leur degré de *comparabilité*, soit aux différentes époques pour un même pays, soit pour des pays différents.

Il est facile de reconnaître *qu'il est impossible d'établir une comparaison exacte entre les diverses périodes de la statistique douanière d'un même pays, et encore moins entre les résultats indiqués pour des pays différents.*

En effet : 1° chaque administration apporte des changements fréquents dans ses procédés et ses bases de calcul ;

2° L'organisation du service est différente et varie d'un pays à l'autre ;

3° Les moyens de constatation sont partout imparfaits et insuffisants sans qu'il puisse y avoir équilibre entre diverses causes d'erreur.

Pour montrer combien importantes peuvent être ces différences entre les statistiques de deux pays différents, nous allons citer un exemple : Nous l'extrayons d'une brochure parue l'année dernière : « La Question Franco-Suisse et l'Union pour la reprise des négociations commerciales. »

Les importations de France en Suisse ont été pour la moyenne 1890-1891, de 103,812,566 francs et de 74,861,328 en 1893. Voilà le chiffre de la statistique française ; la différence est de **28,951,238 francs.** Voici maintenant ceux donnés par les douanes suisses. La moyenne des importations de 1890-91 était de 124,116,513 contre 74,252,502 en 1893, soit une différence de **49,864,041**. Voilà pensons-nous un bel écart entre deux statistiques : **21 millions** en chiffres ronds.

Passons aux exportations. Statistique française, en 1890-91 : 238,777,094 francs contre 172,805,710 en 1893, diminution : **65,971,384**. Statistique suisse : 220,224,937 francs en 1890-91 contre 111,558,546 en 1893, différence : **108,666,391**, soit une différence entre les deux nations de **43 millions** en chiffres ronds. Et l'auteur de la brochure ajoute : « Nous « croyons, au moins, en ce qui concerne les exportations, « ces chiffres plus exacts que les chiffres français. La raison « en est qu'ils sont contrôlés plus exactement à leur entrée « en Suisse par le prélèvement des droits de douane. Notre « administration elle-même admet son impuissance à donner « pour les exportations des résultats certains. On a voulu « expliquer cette différence par celle des taux d'évaluations. « Cette raison ne suffit pas, les quantités présentant, aussi « bien que les valeurs, des écarts parfois considérables. »

Étudions maintenant les causes des diverses différences et des erreurs qui sont pour ainsi dire fatales dans les statistiques générales.

I. — En France, le *Tableau général du commerce* se divise en plusieurs séries bien distinctes par suite des modifications des procédés d'évaluation. Par exemple : de 1826 à 1847, la valeur des marchandises a été appréciée d'après un tableau dressé une fois pour toutes sur les évaluations moyennes faites en 1826. Depuis 1847, fonctionne la commission des valeurs en douane dont nous avons parlé tout à l'heure.

Mais, jusqu'en *1869* on considérait comme pays de provenance d'un navire celui d'où il avait été expédié en dernier lieu vers la France. Dès lors, une balle de café expédiée de Rio-de-Janeiro au Hâvre, avec relâche à Lisbonne, était inscrite comme venant du Portugal.

II. — En Angleterre, on a compté jusqu'en 1883, les tissus

2

mélangés laine et coton parmi les articles de coton pur ; bien
que les bicyclettes aient pris une importance très grande
depuis un certain nombre d'années au point de vue des
importations anglaises, elles figuraient jusqu'à ces derniers
temps dans *les pièces détachées pour l'industrie mécanique.*

III. — En France, le personnel des douanes est fortement
organisé, nombreux, instruit, d'une intégrité reconnue: aux
États-Unis, il est insuffisant à tous les points de vue: le rapport annuel du contrôleur des douanes de Washington pour
1891 établit que sur la frontière du Canada, entre le lac des
Bois et l'Océan Pacifique, sur plus de *onze cents* milles de
développement, il y a seulement *vingt* agents chargés de la
surveillance ! Par courtoisie, nous ne dirons rien de la majorité des douanes européennes !

En résumé, les administrations si différentes des divers
pays ne peuvent donner des chiffres comparables dans une
comptabilité qui exige beaucoup de soin, d'exactitude ; les
marchandises ne sont ni désignées, ni groupées de même ;
les vérifications se font par des moyens variés ; les valeurs
sont établies par des procédés qui diffèrent par la rigueur ou
l'exactitude, le transit n'est pas calculé partout de la même
façon.....

On peut donc affirmer :

Que les statistiques douanières publiées dans les divers
pays sont, pour des raisons nombreuses et graves, d'une
inexactitude notoire ;

Qu'il est *impossible d'établir* entre elles, soit pour un seul
pays, soit pour plusieurs, des *comparaisons* même approxi-
matives.

(*Libre-échange et Protection*, Pouisard, 1893.)

Est-il surprenant après cela que l'on discute tant sans
pouvoir s'entendre? Chacun, choisissant les chiffres à son
gré pour établir, vaille que vaille, une idée préconçue, fait

dire à des tableaux ce qui lui convient sans pour cela présenter une solution acceptable de la question.

Est-ce donc qu'il n'y en a pas?

Nous pensons, au contraire, qu'il en existe une, et que l'on peut formuler d'une manière scientifique et rigoureuse, les caractères économiques de chaque pays — et en déduire le régime douanier qui lui convient.

Que faut-il faire pour cela?

Étudier méthodiquement le *commerce international*, les conditions dans lesquelles il tend à se produire et se pratiquer ; réunir et classer tous les faits capables d'éclairer la situation : les circonstances de lieu, de formation sociale, d'organisation politique, de voisinage, rien ne doit être négligé — car tout cela concourt à la véritable condition économique d'un pays.

Les échanges *internationaux* se font au moyen de deux grandes catégories de productions qui se mélangent plus ou moins dans les ventes et les achats de chaque pays. La première comprend *les productions naturelles*, utilisables pour l'alimentation ou comme matière première de l'industrie ; la seconde comprend *les produits fabriqués* directement applicables à la consommation.

La condition économique d'un pays varie selon que l'un ou l'autre de ces éléments prédomine dans son commerce extérieur : voilà un premier élément pour une classification ; mais un pays ne peut pas orienter sa production comme il veut.

S'il est favorisé par les avantages du milieu, ses aptitudes propres, sa situation géographique, les agents naturels, il deviendra fatalement un *producteur industriel*. Si, au contraire, son sol est riche, son climat favorable, ses tendances communautaires, il se contentera de l'exploitation de ses richesses *naturelles*.

Les tendances politiques, l'esprit des classes riches, le

degré d'initiative individuelle, les traditions, etc., tous ces éléments ont une importance capitale sur l'orientation de la *production*.

Nous n'avons pour but ici que d'étudier l'*Espagne* et la *France* dont la situation économique est bien différente ; avant d'y arriver, nous nous croyons obligés d'examiner les conditions dans lesquelles se trouvent placés au point de vue du commerce international :

1° Les pays à production naturelle prépondérante ;

2° Les pays à production industrielle prépondérante;

3° Les pays à développement sensiblement mixte de la culture et de l'industrie.

.·.

Les pays à *production naturelle* prépondérante éprouvent les deux besoins suivants : 1° *Écouler au dehors* tout l'excédent de leur production sur la consommation intérieure, augmenter encore cet excédent par tous les efforts dont elle est capable de façon à accroître le chiffre de ses exportations : *culture, élevage, mines*, etc., etc. ; 2° *Appeler à l'intérieur* les produits manufacturés des pays industriels, produits qu'ils ne peuvent fabriquer par eux-mêmes, favoriser ces importations en raison des besoins des populations tant au point de vue de la vie journalière que de la culture ou de l'exploitation minière. Quel est le régime qui convient le mieux à un tel état de choses? Le *libre-échange* évidemment; car la liberté commerciale favorise le placement des produits naturels au dehors, et facilite l'approvisionnement des marchés en articles manufacturés.

La protection, en attirant sur le sol national le fabricant *étranger* avec ses ouvriers aptes à l'industrie, ne ferait que déplacer le lieu de production, le bénéfice n'en serait pas moins acquis à l'*étranger*, au détriment des nationaux.

Mais, me dit-on, vous voilà tombé dans le même écueil

que les *théoriciens, économistes d'école,* que vous avez assez
maltraités au début de cette étude. Vous vous placez dans les
hypothèses particulières, et il est naturel que vous trouviez
des lois correspondantes !

Je vous attendais là ! et pour vous tranquilliser dès maintenant, voici mon but immédiat : courir au-devant des deux
objections qui nous viennent à l'esprit ; d'abord :

*Quelle que soit la prépondérance de la culture dans un
pays, l'industrie n'y est pas absolument nulle ; — dès lors,
le libre-échange peut créer une situation inférieure encore
à cet embryon industriel ?*

Puis cette autre :

*Admettant votre classification, votre analyse et ses consé-
quences, qui vous dit que vous puissiez appliquer vos
conclusions, qui nous paraissent encore bien théoriques,
aux pays qui nous occupent ?*

Retorquer ces objections, dis-je, en vous montrant, pour la
première, que la petite industrie locale ne souffre pas du
libre-échange ; en analysant avec soin, pour la seconde, les
conditions économiques des pays que nous devrons considé-
rer, et en vous montrant qu'ils présentent nettement les
caractères de l'un des trois genres de notre classification.

Celle-ci n'est pas complète, mais, encore une fois, elle
suffit pour le but que nous nous proposons

FRANCE ET ESPAGNE

L'industrie nationale, si peu importante qu'elle soit, ne
souffre pas du libre-échange, dans un pays à production
naturelle prépondérante.

En effet, quand l'industrie est peu développée dans un
pays, elle produit surtout des objets qu'on peut diviser en
trois classes au point de vue de l'origine :

La fabrication ménagère,

La fabrication secondaire,

La petite industrie principale.

La première donne à chaque famille, par le travail d'un de ses membres, les objets *ménagers* dont ils ont besoin : ustensiles de ménage, étoffes filées puis tissées grossièrement, peaux tannées, etc. ; la concurrence étrangère agit difficilement sur cette production toute spéciale.

La seconde, que l'on peut aussi appeler fabrication *accessoire*, se fait par quelques membres de la famille plus habiles ou non employés aux champs ; c'est le surplus de la fabrication ménagère qu'ils vendent sur place : vannerie, bois tourné, chaussures, etc... Elle se fait *à temps perdu* et les faibles déboursés qu'elle exige lui permettent de supporter des différences énormes sur les marchés.

. Quant à la troisième, la petite industrie proprement dite, elle présente dans tous les pays, où elle est faible, le caractère curieux du *cumul des professions*. Un menuisier, par exemple, est charpentier, charron, ébéniste, tourneur, quelquefois cafetier et fabricant de chocolat ; le serrurier est quincaillier, ferblantier, lampiste, plombier, étameur, etc...

Le fond de nos campagnes où les accès sont encore difficiles présente de très nombreux exemples de cette petite industrie : elle est toute locale et si la concurrence extérieure ne lui permet pas de *fabriquer* un article, l'artisan en devient *marchand*.

Ne pouvant supporter l'*extension* jusqu'à l'exploitation en atelier, toute industrie de ce genre, que tenterait de favoriser la *protection* verrait celle-ci donner tous ses bons effets à l'*immigration étrangère*. Nous verrons, en effet, que le manque de développement de l'activité industrielle tient *surtout* à l'absence des qualités *nécessaires* de *la race*.

Examinons maintenant quels sont les *besoins* des pays à *production industrielle prépondérante*, — c'est-à-dire ceux pour lesquels les objets manufacturés de toute nature dépassent de beaucoup les besoins du marché national.

Il suffit d'un instant de réflexion pour s'apercevoir qu'un

tel pays désire avant tout des débouchés largement ouverts : le libre-échange lui est imposé. Ce système présente, d'ailleurs, un autre avantage : la production naturelle est secondaire, les céréales, les bestiaux, les fruits, les denrées alimentaires en général, ne suffisent pas à la consommation ; les matières premières, employées en quantités considérables par l'industrie, doivent venir facilement à celle-ci.

Or, le *libre-échange* favorise tous ces mouvements et les permet dans les meilleures conditions possibles, tant pour l'exportation que pour l'importation.

Je viens maintenant à l'examen du point particulier de mon argumentation indiqué plus haut :

« Il existe des pays où la *prépondérance* de la production « *naturelle* ou de la production *industrielle* est *entière* et « *domine* absolument la situation économique de ces pays. »

Nous prendrons comme exemples :

1° *Pays à production naturelle prépondérante.*

L'*Espagne*, que nous étudierons en détail dans une autre partie de ce travail, l'Italie, la Turquie, la Russie ;

2° *Pays à production industrielle prépondérante.*

L'*Angleterre*, la Belgique, la Hollande, etc., etc.

1. — ESPAGNE

Elle réunit tous les climats et se prête à toutes les cultures ; les plateaux sont également propres à la production de l'herbe et à celle des céréales ; elle présente de riches pâturages, des forêts de chêne-liège ; une verdure merveilleuse, des fleurs, des fruits.

Les céréales, le maïs, le riz, les racines et les légumes, la vigne, l'olivier, le dattier, le grenadier, l'amandier, etc., sont une source abondante de produits.

L'Espagne est également pourvue en matières minérales propres à alimenter la grande industrie ; on y rencontre presque à profusion le fer, le cuivre, le plomb, le mercure, des pierres et des terres à œuvres ; peu de pays sont aussi richement pourvus en minerais, combustibles, fondants, matériaux de construction de bonne et souvent supérieure qualité, tels que par exemple ceux du « barrancan de san Juan de la sierra Nevada ».

Eh bien ! une partie très faible de toutes ces richesses est mise en valeur : les blés russes et américains entrent en concurrence avec ceux des Castilles et de l'Aragon ; les races de moutons n'ont pu être conservées pures ; la sidérurgie, industrie essentiellement espagnole, ne s'est pas développée ; Tolède, autrefois renommée pour ses armes, Albacète pour sa coutellerie, Ségovie pour ses tissus, ne sont plus que des noms. Seule, la Catalogne peut encore passer pour un centre industriel ; on y *fabrique* des soieries, des rubans ; on y rencontre des teintureries, des fabriques de chapeaux, de faïence, etc... Mais l'industrie catalane, contrainte d'acheter au dehors ses charbons, ses machines, ses matières de teinture, est grevée d'une charge supérieure de 25 % à la fabrication étrangère. Ses prix sont élevés : elle est loin de suffire à la consommation locale.

La prépondérance de la *production naturelle* est indéniable en Espagne. C'est le seul point que nous voulions établir pour l'instant.

II. — ANGLETERRE

Jusqu'en 1750, l'industrie anglaise est restée à l'état embryonnaire ; mais, dès cette époque, la substitution du moteur mécanique à la force humaine dans la conduite des machines, entraîne une réforme radicale dans l'outillage, et l'industrie marche à pas de géant.

En 1769, Arkwright invente son water-frame, métier à tisser perfectionné ; en 1776, Crompton sa mule, métier mécanique à filer ; en 1785, la machine à vapeur de Watt est appliquée dans l'industrie du coton. Les méthodes de travail font en même temps de rapides progrès ; la production de la fonte et de l'acier se fait par des procédés d'une efficacité et d'une puissance très grandes ; les industries textiles prennent la tête du progrès ; et, d'une manière générale, on peut dire que dès le premier quart de ce siècle, l'Angleterre ayant à sa disposition la machine à vapeur, les outils mécaniques, le fer à bon marché, prit une avance de 15 à 20 ans sur tous ses concurrents et qu'elle l'a toujours conservée.

Tout ce dont elle avait besoin, personnel, capitaux, débouchés, elle les a obtenus grâce aux qualités spéciales de sa race que Montalembert nous décrit dans son superbe langage :

« Il y a dans l'Europe moderne, à sept lieues de la France,
« un peuple dont l'empire est plus vaste que celui d'Alexan-
« dre ou de César, et qui est à la fois le plus puissant, le plus
« riche et le plus viril, le plus audacieux et le plus réglé qui
« soit au monde. Aucun peuple n'offre une étude aussi ins-
« tructive, un aspect aussi original, des contrastes aussi
« étranges .... L'Anglais... est doué à la fois d'une initia-
« tive que rien n'étonne et d'une persévérance que rien
« n'abat (1). »

Le *personnel* venant de la masse d'artisans ruraux, déjà embrigadée avec son état-major de négociants-fabricants, de contre-maîtres que la formation des grands domaines éloigna de la culture, avec les capitaux provenant de la vente de leurs terres, prit un développement dont seuls les chiffres suivants peuvent donner une idée :

	1685	1760	1881
Liverpool....	4.000 hab.	35.000 hab.	550.000 hab.
Manchester ..	6.000 »	40.000 »	393.000 »
Birnimgham .	4.000 »	30.000 »	400.000 »

(1) *Moines d'Occident,* t. III, p. 3 et suiv.

Les *capitaux* se sont multipliés dans une proportion effrayante depuis la fin du xviii° siècle. Des calculs approximatifs, sérieusement faits et dont les erreurs, fussent-elles de 10 %, ne changeraient pas nos conclusions, donnent pour la richesse publique du Royaume-Uni, d'après le *Bulletin de statistique du Ministère des finances*, tt. iii, xvii, xx :

1815. — Total des capitaux évalués..... 51 milliards.
1865. —   · ··   ·   152   —
1875. — ·   —   ·   212   · —
1883. —   —   · :   240   —

Une telle abondance de capitaux disponibles circulant avec une rapidité extrême a une conséquence encore bien favorable: l'intérêt, *en banque*, ne dépasse pas 3 1/2 %.

La Chambre de compensation de Londres, où les banquiers font l'échange réciproque des créances que le mouvement des affaires vient à créer entre eux, de sorte que le solde seul se paie en espèces ou banknotes, le *Clearing-house* a eu opéré, en 1890, pour 7 milliards 801 millions de compensations, en livres sterling, soit *195 milliards de francs*.

L'esprit est confondu devant de tels chiffres.

Les *débouchés* fournis par les colonies, les comptoirs, les maisons de commission, les marchés étrangers, etc., n'ont jamais fait défaut aux Anglais, toujours errants, toujours en quête de pays nouveaux, d'annexions possibles.

Nous terminerons cette esquisse rapide en disant que les Anglais de toutes les classes se distinguent de la plupart des autres races par deux tendances capitales qu'on peut formuler en ces termes:

Tendance à l'indépendance personnelle assurée par l'exercice d'un métier lucratif;

Tendance à l'expansion indéfinie par la recherche permanente des meilleures occasions de profit.

A côté de cela, l'Anglais apporte une énergie singulière à

la défense et à la gestion de ses intérêts, que présentent à la fois l'ouvrier et le patron.

Pendant que celui-ci fait preuve couramment dans toutes ses entreprises, d'une hardiesse dans la conception, d'une activité dans l'exécution, qui en font partout un concurrent redoutable, l'ouvrier se montre supérieur dans presque toutes les branches de la production : cela tient à un apprentissage prolongé, à un esprit différent, plus vigoureux, plus individuel, à un désir plus fréquent et plus énergique de s'élever dans la hiérarchie sociale, d'acquérir l'indépendance personnelle.

Nous ne nous étendrons pas plus longtemps sur la prépondérance énorme de la production industrielle en Angleterre ; mais disons seulement que les importations de matières premières sont souvent aussi importantes pour l'Angleterre *seule* que pour tous les autres pays du continent. Voici ceux qui concernent le coton en balles de *180* kilogrammes environ, et qui sont communément acceptées par le commerce :

IMPORTATIONS

	Angleterre.	Pays du continent.
1887	3.717.000 balles.	3.692.000 balles.
1889	3.825.000 »	4.121.000 »
1891	4.174.000 »	4.564.000 »

Enfin, voici les chiffres des exportations anglaises, dont la faiblesse est certaine, mais dont la valeur, tout erronée qu'elle soit, ne donne pas moins une idée bien nette de la production colossale de ce pays :

1760	400	millions de francs.
1840	1.290	—
1850	1.780	—
1880	5.580	—
1890	6.575	—

On peut dire que jusqu'en 1812, l'Angleterre avait un régime douanier absolument prohibitif ; — c'est seulement grâce aux efforts de Robert Peel que les exagérations du tarif anglais furent mises en lumière. De 1842 à 1846, la réforme produisit ce résultat que les prohibitions disparurent, les droits sur les matières premières furent supprimés, les droits sur les produits manufacturés furent réduits à 20, 15 et même 12 % de leur valeur. De 1,150 articles, le tarif fut ramené à 590.

L'industrie britannique est placée sur un terrain très voisin du *libre-échange*.

Depuis 1846, la réforme s'est encore étendue par l'effet des lois proposées par M. Gladstone, en 1853 et en 1860. Le tarif se trouve réduit à 58 articles. Seuls, quelques articles de luxe sont imposés d'une taxe fiscale qui n'a en rien le caractère protecteur.

Quant aux traités de commerce, l'Angleterre les a recherchés et obtenus dans les conditions les plus voisines du libre échange. Celui de 1860, avec la France, fixait les droits entre 15 et 30 % de la valeur spécifique avec des réductions prévues.

Cet accord est avantageux pour l'Angleterre qui a vu tomber les prohibitions qui la réduisaient à la contrebande ; outillés comme ils l'étaient, les industriels britanniques pouvaient supporter les droits de 15 à 30 % ; la lutte était aisée et les traités ainsi obtenus équivalaient à de nouveaux débouchés pour les Anglais.

L'Angleterre accordait réciproquement à ses co-traitants l'ouverture de son marché : la concession était-elle équivalente? Non, et la raison en est simple. Quand il s'agit de produits méridionaux que l'Angleterre ne produit pas, vins, cafés, cacaos, thés, épices et en général les matières premières, laine, coton, jute, minerai, les denrées alimentaires dont la consommation est telle dans les villes que la production locale est insuffisante, elle a tout intérêt à les appeler chez elle, soit pour les consommer à bon compte, soit pour les transformer et les revendre.

Mais, quant aux produits de la fabrication, il en est peu qui puissent prétendre à entrer dans la consommation anglaise en concurrence avec les produits nationaux ; l'ouverture du marché anglais aux produits fabriqués étrangers est fort médiocrement dangereuse pour l'industrie nationale.

Elle a un avantage pour l'Angleterre, c'est d'en faire le premier entrepôt du monde. Voici quelques chiffres de *réexportation :*

1889. — 27 millions de yards de tissus étrangers ;
        19   —   de kilogrammes de cuirs étrangers ;
        40   —   de kilog. de métaux ouvrés étrang. ;
         4   —   —   d'huile de palme ;
         2   —   —   d'huile d'olive ;
        26   —   de pièces de fourrures ;
    1.800   —   de gallons de spiritueux ;
       55   —   de kilogrammes de sucre.

Voici les chiffres en valeur (à titre de simple indication) de la douane :

1855. — Réexportations.....   525 millions de francs.
1869. —   —   ..... 1.135   —
1880. —   —   ..... 1.575   —
1889. —   —   ..... 1.665   —

En résumé, le libre-échange plus ou moins complètement appliqué en Angleterre a eu pour conséquences :

1° De lui fournir un champ plus vaste pour les débouchés de sa fabrication et de surexciter son industrie ;

2° D'augmenter sa puissance commerciale en en faisant l'entrepôt du monde entier.

L'Angleterre est donc le type bien précis du pays libre-échangiste, non par l'effet d'une vaine théorie, d'un système artificiel combiné *à priori*, mais par l'action puissante d'une longue suite de circonstances naturelles qui poussent la production britannique à la plus large extension possible.

Prendre l'Angleterre comme modèle sans avoir ses ressources naturelles, son organisation sociale supérieurement conçue pour l'action, son avance économique et technique, et vouloir rivaliser avec elle, c'est marcher au combat avec des armes inégales, c'est s'exposer à une concurrence *impossible* à soutenir.

.·.

Nous avons justifié notre classification des pays au point de vue économique ; nous avons montré qu'il existe des types bien caractéristiques de chacune des deux grandes catégories indiquées. L'étude de l'Angleterre nous a montré toute l'importance du caractère et des tendances naturelles de la race indigène ; c'est un élément que nous devons examiner avec soin dans nos investigations ultérieures.

Mais pour réunir dans une même partie de notre travail tous les éléments qui nous sont nécessaires par la suite, nous devons traiter ici la question des *monnaies* et celle du *change*.

Les transactions commerciales s'effectuent par un règlement du prix des marchandises en espèces d'or ou d'argent, ou en papier. Si la valeur de l'unité légale reste la même pour chacune de ces trois espèces de monnaies, il est indifférent que les paiements s'effectuent avec l'une ou l'autre d'entre elles. En France, 100 francs en or, en écus d'argent ou en billets de la Banque de France, représentent exactement la même valeur, sont interchangeables sans aucune différence que l'embarras plus ou moins grand qu'ils causent au porteur pour toutes les transactions intérieures.

Mais il n'en est pas de même pour les échanges internationaux, lorsque dans les deux pays contractants le régime monétaire n'est pas le même. Il y a 25 ans, le cours de la monnaie d'argent était, par rapport à celui de la monnaie d'or, comme 15 1/2 est à 1, c'est-à-dire qu'il fallait un poids d'argent quinze fois et demi plus grand qu'un poids d'or déterminé pour représenter la même valeur.

Or, depuis cette époque, diverses causes ont profondément modifié la situation ; l'abondance de la production de l'argent, la démonétisation d'une grande quantité de monnaie blanche en Allemagne en 1873, la suppression de la frappe des écus dans un certain nombre de pays de l'Europe, ont amené une baisse très sensible de la valeur de ce métal.

Par exemple, pour payer en Allemagne il faut d'abord acheter des *marcs* avec des *francs ;* ici, le change est peu important, car les deux monnaies s'équivalent sensiblement : le *cours du change* ne subit que de faibles fluctuations, il faut néanmoins en tenir compte.

Pour l'Angleterre, la question est tout autre. Notre écu français de 5 francs n'est accepté en Angleterre que pour sa valeur intrinsèque, c'est-à-dire 3 fr. 50 à 3 fr. 75 ; on subirait donc là une perte au change importante si l'on ne se munissait d'or français avant de partir pour ce pays. C'est le premier élément de la question de *la dépréciation de la monnaie d'argent.* Mais elle présente un autre élément bien plus important, *l'avilissement du papier-monnaie.*

Dans certains pays dont les finances sont embarrassées, on émet du papier-monnaie qui n'est pas accepté à l'étranger pour sa valeur nominale, mais seulement pour sa valeur conventionnelle réglée par le *cours du change* et celui-ci frappe d'une *perte au change* qui varie de 5, 10 à 20 % de la valeur nominale et même plus.

Le papier-monnaie espagnol est en ce moment frappé d'un change de 15 % environ, (1) ce qui fait que pour obtenir 100 francs de marchandise française à Bordeaux, par exemple, le négociant espagnol est obligé de donner 115 francs de sa monnaie. Sous une autre forme : le négociant français qui reçoit de l'Espagne 100 francs, valeur nominale, ne peut les

(1) Lorsque cette étude a été faite, le change avec l'Espagne était en effet de 15 %, mais au moment de la mise sous presse, les événements qui se sont succédé en Espagne l'ont fait monter jusqu'à 31 %. Le lecteur voudra bien en tenir compte dans les explications qui suivent. (Note de l'auteur.)

échanger en France que contre 85 francs de monnaie d'or ou d'argent ou billets de la Banque de France.

Sans entrer dans plus de détails à ce sujet, nous poserons les trois principes suivants dont nous établirons ensuite le bien fondé :

1° *Le haut cours du change favorise l'exportation hors des pays dont la monnaie est dépréciée ;*

2° *Le haut cours du change gêne l'importation dans les mêmes pays ;*

3° *Le haut cours du change dans certains pays favorise l'importation par des tiers de leurs produits dans les pays à circulation normale.*

I. — Le *haut cours du change* favorise l'exportation hors des pays à monnaie dépréciée.

Les transactions s'établissent sur la valeur nominale, — or l'acheteur pourvu d'or qui va de France en Espagne obtient 115 pesetas avec 100 francs d'or ; de là une tendance à l'achat en pays à monnaie dépréciée de denrées pour l'exportation, puisque leur prix se trouve réduit de 10, 15, 20 et même 30 pour cent.

II. — Le *haut cours du change* gêne l'importation dans les pays à monnaie dépréciée.

Dans le cas où un acheteur espagnol veut acquérir une machine agricole française que l'on ne fabrique pas dans son pays, il doit donner pour chaque 100 francs du prix coté en France 115 francs de monnaie espagnole : autrement dit, il supporte une majoration de 15 % sur le prix de la machine.

Il est vrai que l'importateur peut acheter de la monnaie espagnole pour solder les droits d'entrée et réaliser ainsi une petite différence. Mais cela n'est pas possible dans tous les pays, car la Russie, en 1889, a rendu exigibles en or, ses droits de douane, mesure équivalant à une hausse importante.

D'ailleurs, l'avantage du change à 15 % par exemple, ne

se fait sentir que sur les droits d'entrée ; s'ils sont de 20 °/₀ *ad valorem* pour l'objet considéré, on ne retrouve finalement que $\frac{15 \times 20}{10.000}$ ou 3 °/₀ du prix véritable ; la surcharge pour l'acheteur est encore dans ce cas de 12 °/₀.

III. — Le *haut cours* du change, dans certains pays, favorise l'importation de leurs produits dans les pays à circulation normale.

Prenons un acheteur muni d'or, un Anglais par exemple : il achète du coton dans l'Inde, où le change *argent* est à 20 °/₀ ; du blé en Russie, où le change est à 30 °/₀ sur le rouble papier. Il vient en France : si le droit sur le coton est à 25 °/₀, il ne paie finalement que 5 °/₀ puisqu'il en a gagné 20 à l'achat ; pour le blé, il ne paie rien si le droit est le même ; bien plus, il gagne 5 °/₀, et ce gain atteint 15 °/₀ si le droit à l'entrée n'est que de 15 °/₀ sur le blé !

Le change peut donc influer de telle sorte sur les tarifs au point de réduire ou même de neutraliser les droits établis dans un pays à l'entrée de tel ou tel produit.

L'importateur réalise le bénéfice le plus immédiat, c'est ce qui explique le développement considérable des marchés de Liverpool et d'Anvers.

Pour la France, le jeu du change et des tarifs peut avoir sur les produits de l'agriculture, à bas prix, à faible bénéfice, une influence insoutenable par l'abaissement du prix sur le marché des céréales, du bétail, etc., etc. Nous n'en tirons pas le même bénéfice que les Anglais ou les Hollandais auxquels nous achetons la plus grande partie de nos matières premières.

En résumé, la dépréciation des monnaies et la perte au change qui en résulte, est un fait *considérable*, avec lequel il faut compter dans une très large mesure ; cela est d'autant plus difficile que le cours du change varie vite et souvent.

La complication récente du problème économique provenant de ce facteur, inconnu il y a trente ans, a donné lieu à des effets bien graves, imprévus et mal interprétés !

3

On tente d'organiser une *Union monétaire universelle* ayant pour but principal de fixer artificiellement, par un accord approprié, le rapport de valeur entre l'or et l'argent ; la dépréciation du métal blanc serait ainsi enrayée, mais la difficulté n'en subsisterait pas moins pour les pays à circulation de papier avili, le remède ne dépend pas de la collectivité, mais de circonstances locales qu'un traité ne saurait supprimer.

Avant 1892, la clause de *la nation la plus favorisée* concédée à l'Allemagne à titre perpétuel par le traité de 1872, ne nous permettait pas de conclure un seul traité avec tarif réduit sans que la production allemande en profite ; or, celle-ci s'est développée d'une manière considérable depuis vingt ans et nous a inondé de ses produits, communs, mal faits, imités, etc...

Mais, en fait, le tarif *minimum* fixé par la loi du 29 décembre 1891 est accordé, à l'heure actuelle, soit par traité, soit par la clause ci-dessus, à presque tous les pays d'Europe.

L'Italie et l'Espagne sont cependant restées en dehors, parce que les nouveaux tarifs français, qui chargent lourdement les produits agricoles, leur portent un grand préjudice.

Notre conclusion sera brève : en présence d'une telle quantité d'éléments divers, d'une telle complication de faits et d'influences différentes, il n'est pas un *système* posé *à priori* qui puisse donner satisfaction ; il faut un examen approfondi des conditions respectives des contractants d'un accord commercial. C'est ce que nous allons faire pour les deux nations que nous nous sommes proposé d'étudier en détail : *France et Espagne*. Mais avant, nous tenons à faire ressortir notre façon de penser, résultat de l'étude qui précède. C'est que le *libre-échange* doit prendre *la prépondérance* dans les tendances économiques d'un pays EN VOIE DE PROGRÈS. En effet, une nation doit toujours tendre à être *dans la voie du progrès*, d'où tendances bien marquées au libre-échange.

Si des faits inévitables enrayent cette marche progressiste, on doit *se protéger*, mais rejeter le bouclier dès que l'offensive est de nouveau possible.

Or, l'offensive, c'est la vraie supériorité du Français; nous arrivons donc à cette conclusion toute intuitive : *tendances perpétuelles au libre-échange.*

II

L'ESPAGNE

Cette étude rapide mais détaillée de la situation économique de l'Espagne sera conduite avec la même méthode employée dans notre précédent travail ; en voici le plan :

Dans le chapitre premier, intitulé : *Coup d'œil historique*, nous étudions les formations *ethniques*, ce qui nous conduit au caractère des habitants actuels et à leurs *aptitudes naturelles* ; nous pouvons donc donner comme conclusion à cet examen : *La Population*.

Dans le 2° chapitre : *Le Pays*, nous examinons successivement les trois points de vue suivants :

a) Productions naturelles du sol ;

b) Productions minérales, — richesses géologiques ;

c) Position maritime.

En possession de ces éléments, nous consacrons le 3° chapitre à l'examen de la question suivante :

Ce que la population espagnole FAIT du sol qu'elle habite, et nous passons en revue :

a) La politique intérieure et l'administration ;

b) L'agriculture, — son état actuel, — ses tendances ;

c) L'industrie, — sa situation.

A ce moment, nous posséderons tous les éléments qui nous permettent de suivre, en connaissance de cause, l'étude consacrée au *Régime douanier de l'Espagne*, objet du 4ᵉ chapitre.

Enfin, le 5ᵉ et dernier chapitre renferme le tableau résumé des points saillants et la conclusion logique que comporte la situation.

CHAPITRE PREMIER

COUP D'ŒIL HISTORIQUE. — LA POPULATION

La première couche ethnique vient d'Afrique ; ce sont les Ibères, populations pastorales et communautaires formant actuellement les Touaregs. Plus tard, la péninsule fut envahie par les Phéniciens, les Grecs, les Romains et surtout les Carthaginois. Dès cette époque, nous pouvons tirer une induction importante pour l'avenir.

Rome, au régime despotique, avec ses colonies agricoles, ses vastes exploitations minières, son administration stricte et exigeante, dut constamment *combattre,* pour plier les habitants rebelles à toute cette civilisation et en obtenir plus ou moins *la pratique des arts usuels.*

Carthage, au contraire, pratiquant surtout le négoce, à cause de sa situation maritime, les trouva prêts à faire des *soldats* dont le métier convient parfaitement à leurs goûts aventureux et pillards. Carthage n'éprouva de la *résistance* que quand elle voulut *contraindre* les Ibères au *travail des mines* d'argent qu'elle exploitait.

Aux premiers siècles de l'ère chrétienne, nous voyons apparaître les Goths ou Visigoths, venant du Nord, bandes formées sur la rive occidentale du Dnieper et ayant recruté sur leur passage un grand nombre de populations antérieures analogues aux Slaves.

Les Goths, pasteurs dans le principe et demi-agriculteurs, devinrent pillards pendant leur migration ; ils se substituèrent aux Romains et exploitèrent les vaincus. Bientôt l'impuissance, la trahison mirent bas l'empire gothique et une poignée de *Maures* se jeta sur la péninsule qu'elle envahit peu à peu par une migration lente.

Les Maures, comme les Ibères, comme les Goths, apparte-

naient au type communautaire : ils ne pouvaient pas modifier sensiblement la population locale ; bien au contraire,
leur mélange avec elle fut assez rapide ; les Espagnols adop-
tèrent le langage, les mœurs de leurs vainqueurs et donnèrent
une formation s'appelant elle-même *Mozarabes*.

Un clan autonome resta dans le Nord, et comme les Maures
pratiquaient surtout la culture au moyen des esclaves, ils
furent peu à peu épuisés par les luttes continuelles des pillards du Nord ; ceux-ci recrutant des aventuriers dans toute
l'Europe et notamment des seigneurs *Francs*, peu nombreux,
il est vrai, devinrent les maîtres, et les Maures, au xv⁰ siècle,
furent chassés ou soumis.

Soldats de métier, despotes, quelque peu cruels, méprisant
toute autre occupation que la guerre, les vainqueurs ne
savent que faire en dehors d'elle. Ils portent partout leurs
armes, même au delà des mers, en Amérique ; la guerre est
pour eux une industrie, la source des richesses : ils acquiè-
rent du butin, vivent au dépens du royaume qu'ils conquiè-
rent et deviennent la *grande nation*.

Mais les maîtres conçoivent tout à la manière du soldat ; la
chevalerie, tombée sous le ridicule en France, reste en honneur ; la religion a une organisation toute militaire, le commerce ressemble plutôt à la *piraterie ;* la colonisation est une
conquête violente toujours suivie de l'*exploitation* impitoya-
ble des vaincus, sans *aucune organisation* pacifique.

Mais, comme la civilisation nous en donne de nombreux
exemples, une telle méthode ne sert qu'à provoquer la coali-
tion des vaincus. Harcelée sans cesse, refoulée peu à peu
jusqu'à son ancienne frontière, la nation espagnole, inapte
aux travaux pacifiques, incapable de tirer parti de son sol,
fut réduite à une sorte de misère et tomba brusquement du
premier rang à celui de puissance secondaire, d'où elle n'a
jamais pu se relever.

LA POPULATION

Après le métier des armes, l'industrie *pastorale* n'exigeant guère d'efforts personnels, était considérée comme la plus noble ; elle jouissait de privilèges incroyables. E. Reclus, dans sa *Géographie* (tome I, p. 687), nous apprend que du XVIᵉ siècle jusqu'en **1836,** « la corporation de la *Mesta* pro-
« menait ses immenses troupeaux de moutons d'un bout à
« l'autre du pays, jouissant du droit d'*interdire* au besoin la
« *culture* sur ses routes de trace humaine? »

Aujourd'hui, tous les milieux sociaux répugnent encore aux occupations pénibles ; le *grand propriétaire* vit à la ville, laissant ses terres aux mains d'un paysan qui, lui-même *petit propriétaire*, fermier ou métayer d'autrui, joint à une *indolence* accentuée et proverbiale, une ignorance profonde de laquelle il ne veut pas sortir.

La *classe moyenne,* jetée à corps perdu dans les carrières libérales, la politique, les fonctions publiques, l'armée, se soustrait à tout travail et délaisse les métiers lucratifs.

L'ancienne division en clans s'est transformée simplement en partis politiques que nous verrons à l'œuvre au chapitre 3 de cette étude.

Enfin, le *personnel ouvrier* manquant de direction est forcément médiocre et inapte, par son origine, à une production non pas intense, mais seulement moyenne.

Le *Bulletin de la Société de géographie commerciale de 1891* dit textuellement à ce sujet : « Il faut *plusieurs* Espa-
« gnols pour faire en une journée le travail que ferait UN
« Français ; les salaires sont moins élevés qu'en France,
« mais comme il faut rémunérer un plus grand nombre
« d'ouvriers pour obtenir le même résultat, il s'ensuit que la
« main d'œuvre est plus *chère* que chez nous. »

En résumé :

Les classes *supérieures* n'agissent guère et considèrent les affaires comme incompatibles avec leur rang social. — Ce mal est chronique et invétéré ;

Les classes *moyennes* les imitent le plus possible et se retirent dès que l'aisance arrive — d'où absence de *capitaux industriels ;*

Les *petites gens* sont, en majorité, détaillants, petits commerçants, intermédiaires, — ils sont *plus nombreux* qu'en France — d'où un renchérissement sensible des consommations de la population ouvrière ;

Le *personnel ouvrier* est inapte, mal dirigé et travaille peu.

CHAPITRE II

LE PAYS

Nous venons de parler des généralités, nous abordons donc tout de suite :

a) Les productions naturelles du sol.

L'Espagne est couverte de plateaux de moyenne altitude, réunissant tous les climats et se prêtant à toutes les cultures.

Le sol est également propre à la production de l'herbe et à celle des céréales ; les terres irriguées sont de première qualité.

On rencontre de nombreux pâturages, des forêts de chêne-liège ; les céréales, le blé, le maïs, les racines et les légumes, la vigne, l'olivier, le dattier, le grenadier, l'amandier, l'oranger et le mandarinier, beaucoup d'autres arbres à fruits ; en un mot, la péninsule ibérique est une source abondante de productions variées ; *elle pourrait être le grenier d'abondance de l'Europe occidentale.*

b) Les productions minérales.

« L'Espagne est fort riche en matières minérales propres

« à alimenter la grande industrie, dit M. Pouisard (loc. cit.).
« On y trouve en abondance le fer, le cuivre, le plomb, le
« mercure », l'argent, les terres à poteries, les pierres à
ouvrer, etc... Non-seulement on trouve les minerais, mais
les combustibles et les fondants sont à profusion. Les matériaux de construction, de qualité supérieure, se rencontrent
partout ; de nombreuses qualités de marbres merveilleuse-
ment beaux se trouvent à profusion au barrancan de san
Juan de la sierra Nevada ; en un mot, les avantages naturels
ont rarement été prodigués de même à un seul pays.

c) *La position maritime.*

Les transports par eau ont toujours été les moins coûteux ;
baignée de toute part, d'un côté par la Méditerrannée, de l'autre par l'océan Atlantique, l'Espagne a encore, à ce point de
vue, une situation tout à fait exceptionnelle.

Située à peu près à égale distance entre l'Orient et l'Occident, elle peut communiquer avec tous les points du globe
par les voies les plus directes.

L'Espagne devrait donc être, à cet autre point de vue,
l'*intermédiaire-née* de tous les approvisionnements exotiques ; ses *transports maritimes* pourraient être au premier
rang dans le Monde.

CHAPITRE III

CE QUE CETTE POPULATION FAIT DE CE PAYS

L'ADMINISTRATION

Dès la période des *Mozarabes* et suivant en cela une loi
que l'on retrouve dans toutes les populations du type *communautaire*, on voit apparaître les tribus, puis les clans,

ennemis les uns des autres, et enfin les États distincts et
rivaux.

Plus tard, après les guerres désastreuses qui mirent fin à
la période d'apogée, les clans, divisés les uns contre les
autres, tombèrent facilement sous le joug du pouvoir absolu,
— mais le *clan* ne disparut pas pour cela, il devint le *parti
politique.*

Cela constitue l'esprit national, c'est l'une de ses caractéristiques ; de là des révolutions incessantes qui amènent successivement au pouvoir, c'est-à-dire au rang des fonctionnaires, les partisans de tel ou tel chef de parti.

Quand un chef de parti arrive au pouvoir, tous les partisans d'un autre chef deviennent *cesantes,* quand celui-ci
arrive, ce sont les autres.

Un consul anglais dit qu'on rencontre toujours en Espagne
des gens prêts pour n'importe quelle émeute, quel que soit le
motif invoqué ; le point important est d'organiser une *gue-
rilla,* d'élever des barricades et de trouver une occasion de
lutte et parfois aussi de butin et de pillage (guerres carlistes
entre autres).

On peut citer comme fait caractéristique l'échauffourée de
Barcelone, en 1891, que put susciter un agent de change
contre les casernes, dans le *seul but d'amener une baisse sur
les fonds publics !*

Le gouvernement coûte, par suite, très cher ; il faut beaucoup d'emplois à distribuer à de nombreux amis, qui doivent
le protéger contre les coups de mains ; l'administration est
médiocre, les fonctionnaires ont une moralité bien relative (!)
Ils changent d'ailleurs à chaque arrivée au pouvoir d'un
nouveau parti ; le Gouvernement même ne leur accorde pas
son entière confiance, — les timbres-poste, pour ne citer
qu'un fait, sont vendus par des débitants spéciaux, à l'EXCLU-
SION *des employés de la poste.* Quand on apporte une lettre
recommandée ou un télégramme, l'employé indique l'affran-

chissement à y apposer, et on opère cette formalité chez le débitant !

Il n'y a donc rien d'étonnant à ce que le budget espagnol soit régulièrement en déficit et que le Trésor soit réduit à des expédients.

En 1891, une loi a autorisé la Banque d'Espagne à émettre des billets au delà des besoins de la circulation et sans garantie ; le seul but à atteindre était un prêt de 150 millions au Trésor !

Le commerce protesta vivement, mais on passa outre et le *change* sauta immédiatement de 5,50 % à 13, 14 % ; il a atteint 19, 22 et 24 en 1892, apportant une perturbation profonde à toutes les affaires. Il n'a guère baissé depuis, car il se maintient actuellement encore entre 17 et 20 %.

Enfin, la mavaise organisation des pouvoirs publics est encore une autre cause de perturbations profondes; les crises politiques, les exigences fiscales, les fluctuations du change, enrayent la plupart des entreprises. En 1892, on a dû surtaxer les transports par voie ferrée, emprunter à la banque et provoquer la saute du change qui a eu notamment pour effet d'obliger les chemins de fer du Nord de l'Espagne à supprimer les billets internationaux, les voyages circulaires, etc...

Le commerce tout entier est à chaque instant jeté dans le désarroi par les agitations politiques les plus inattendues.

L'AGRICULTURE

Le *Consular Reports de 1892* nous édifie complètement sur l'insuffisance absolue de la culture espagnole.

Tandis que les grands propriétaires terriens trouvent audessous d'eux la *seule visite* de leurs domaines, les fortunes moyennes confient à des fermiers indolents et ignorants le soin de faire valoir leur héritage.

Dans la Galicie, pays d'herbages, le sol est morcelé en une
infinité de *borderies* occupées par des métayers ou des fermiers. Le consul anglais ajoute : « La plupart de ces do-
« maines ont été vendus par lots ou subdivisés en petits
« bordages, composés d'un terrain grand comme un jardin
« maraîcher, où l'on voit une cabane entourée d'un verger ;
« en outre, quelques ares de terre sont cultivées en maïs et
« en orge et suffisent, quand la moisson est bonne, à nourrir
« le fermier, sa famille et une paire de bœufs destinés à
« l'exportation pour l'Angleterre. — Parfois, un autre mor-
« ceau de terre, un porc, des volailles, le tout vivant sous le
« même toit, composent, avec la paire de bœufs, tout le bétail
« d'un cultivateur galicien. »

Un autre voyageur (*Bulletin de la Société de Géographie
de 1890*) observe que dans la riche vallée de Grenade on
emploie encore à la culture l'*araire* arabe. Un dernier (loc.
cit.) dit : « Je m'attendais à trouver dans l'Andalousie une
« végétation autrement luxuriante, plus de richesses agri-
« coles qu'il n'y en a réellement. Quand on traverse ce pays,
« que je croyais être le plus fertile de l'Espagne, on est sur-
« pris de trouver là d'immenses déserts sans culture. *Il
« paraît qu'il y a des terres admirables, seulement on n'y
« fait rien pousser.*

« Dans ce pays de la vigne et de l'olivier, on boit un vin
détestable où il entre plus d'*alcool allemand* que de *val de
« peñas*, et l'huile garde un goût répugnant, parce qu'on est
« trop pauvre pour la faire raffiner ! »

Les blés russes et américains entrent en concurrence avec
ceux des Castilles et de l'Aragon, les races de moutons n'ont
pu être conservées ; il a fallu demander des béliers à la
France ; celle-ci a également fourni des mulets.

En 1887, le fisc a dû exécuter plus de *30,000* propriétaires
hors d'état d'acquitter leurs taxes. (*Bulletin consulaire français*, 1891.)

La conséquence inévitable d'une telle misère est la substitution du *propriétaire étranger* au propriétaire indigène ;
les vignobles d'Andalousie, les meilleurs de la péninsule,
sont entre les mains de propriétaires anglais !

En résumé, l'Espagne est un pays où les productions naturelles sont abondantes, mais où la race est incapable de tirer
du sol tout ce qu'il peut donner. Son exportation se réduit, à
peu de chose près, aux produits du sol : fruits, liège, huile,
minerais et principalement du vin.

Les étrangers menacent sérieusement, par leur invasion,
la nationalité espagnole.

L'INDUSTRIE

L'industrie espagnole n'existe pas à proprement parler, —
avec une classe supérieure qui *méprise* le travail, la direction fait défaut dans une grande mesure, aussi bien que les
capitaux (Pouisard).

Dans un mémoire soumis en 1890 au Gouvernement par
l'Association sidérurgique espagnole, celle-ci exprima ses
doléances et conclut que malgré l'abondance de richesses
minérales (signalée dans une autre partie de ce travail),
« l'industrie espagnole ne s'est pas développée suffisamment ».

Il en est de même pour toutes les autres branches : Tolède,
jadis renommée pour ses armes ; Ségovie pour ses tissus,
Albacète pour sa coutellerie, ne sont plus que des noms. Il
reste un seul centre industriel actif, la Catalogne, où l'on
fabrique des toiles, des soieries, des gazes, des rubans, des
cotonnades, mousselines, nankin, velours, etc. ; — on y rencontre des filatures de coton, des teintureries, tanneries, pape-
teries très nombreuses, etc., des fabriques de faïence, quincaillerie. — Mais tout cela travaille pour la consommation locale
ou celle des colonies espagnoles qui leur sont réservées par

des tarifs différentiels. J'ai rencontré dans mes voyages, et voyagé pendant des semaines avec eux, des voyageurs de maisons de Barcelone qui vendaient, outre les produits de leurs usines de Catalogne, des passementeries françaises et allemandes. La production catalane n'est donc pas suffisante.

L'industrie indigène ne peut lutter avec la concurrence étrangère, et ces voyageurs m'avouaient qu'ils plaçaient plus facilement dans les grandes villes les produits français et dans les petites localités les produits allemands.

Le *Bulletin consulaire français* de 1891 porte : « La « fabrication catalane est grevée de frais plus élevés de « 25 % que ceux de la fabrication étrangère, en raison de « ce qu'elle achète au dehors, le charbon, les machines, la « plupart des matières et ingrédients de teinture et d'apprêts « et une foule d'accessoires coûteux. »

Les industriels gênés par le libre-échange ont toujours réclamé des tarifs protecteurs : on les leur a accordés dans une mesure variable que nous étudierons plus loin.

Mais, de même que l'agriculture est menacée par l'immigration des propriétaires étrangers, de même l'industrie *protégée* tend à être accaparée par les Anglais, les Allemands, les Belges et les Français. Le personnel technique manque, on l'appelle du dehors, il demeure. En 1892, on a créé un laminoir à Bilbao ; il a été mis en train par soixante ouvriers anglais dont un bon nombre sont restés contremaîtres. Les centres métallifères de Huelva ont été relevés par des capitaux, des ingénieurs et des métallurgistes pour la plupart étrangers. C'est une société française qui détient les chemins de fer andalous, de même que la mine de houille de Belmez. (*Bulletin consulaire français*, 1891.)

Les 28 fabriques de sucre de la vallée de Grenade ont été installées par des Belges et des Français ; des Anglais possèdent la ligne de chemin de fer Bobadilla à Algésiras, etc...

Les richesses minérales sont importées à l'étranger et uti-

lisées au loin ; les minerais de fer de Bilbao vont en Angleterre par centaines de mille de tonnes...

Telle est la situation de l'industrie, la nature de la race ;
son inaptitude complète s'oppose à toute amélioration indigène.

CHAPITRE IV

LE RÉGIME DOUANIER

De tout ce qui précède, résulte le régime douanier *rationnel*
qui s'impose à l'Espagne : c'est le *libre-échange théorique* et
réalisé d'aussi près que possible dans la pratique. Ce régime
permettrait l'entrée facile des produits manufacturés et
obtiendrait comme réciprocité la circulation facile par delà
la frontière des productions du sol espagnol, surtout de ses
vins.

Voyons maintenant ce qui s'est passé à ce sujet :

De 1869 à 1892, on a pratiqué un régime douanier fort
libéral : son tarif, remanié il est vrai en 1877 et en 1882,
était modéré et libre-échangiste pour certains articles. Mais
1892 marque une réaction profonde.

L'Espagne, en proie à une crise économique due surtout à
son insuffisance comme production agricole et industrielle,
a obéi à la pression des propriétaires, des fabricants, des
ouvriers des campagnes et des villes et a établi des droits en
général *prohibitifs*.

On taxe le charbon, le coton, le lin, le chanvre, la laine, la
soie, la graisse, les huiles, les produits chimiques. Au tarif
maximum, les droits sont élevés de 100, 120, 150, 200 et
même 300 % !

Il existe, il est vrai un tarif minimum plus modéré qu'on
peut concéder par traité, mais il est encore fort élevé.

On a dit que cette nouvelle politique était une réponse aux tendances protectionnistes de l'Europe et en particulier de la France : la vraie raison a été donnée plus haut. Il eût suffi, en effet, de taxer les articles venant des pays dont les tarifs devenaient *prohibitifs* pour les productions espagnoles, et dès lors rien ne justifiait les droits sur :

Le charbon anglais,

Les machines belges,

Les laines d'Australie.

Quelles sont les conséquences de ce nouvel état de choses ?

Favorables au Trésor et à quelques industriels étrangers, à des propriétaires anglais surtout, à des allemands et fort peu de français ; nous avons indiqué ce *péril national* pour l'Espagne en parlant de l'agriculture et de l'industrie. Les tarifs effrayants de 1892 grandissent chaque jour le danger à ce point de vue.

Défavorables aux producteurs de vins, qui n'ont encore pu obtenir un adoucissement aux tarifs réciproques des autres pays, notamment de la France.

Défavorables à la masse de la nation, qu'ils appauvrissent en lui faisant payer très cher les articles fabriqués de consommation courante et en empêchant, par mesure de représailles, l'écoulement à l'étranger de ses produits naturels.

Le Gouvernement espagnol s'est bien aperçu de tous ces inconvénients, et il tente de marcher dans une voie un peu différente en concluant des traités avec les divers pays trafiquant avec lui.

Il a conclu un traité spécial avec l'Italie ; mais le fait le plus caractéristique est la négociation avec les États-Unis pour l'île de Cuba. Celle-ci est ouverte aux pétroles, charbons, machines, cotonnades, articles en fer, viandes et fruits américains, moyennant l'entrée à peu près libre des sucres cubains aux États-Unis !

Telle est la tendance actuelle.

4

CHAPITRE V

CONCLUSION

L'Espagne, ayant un besoin intense d'importer chez elle les *produits manufacturés* qu'elle est incapable et sera long-temps incapable de produire elle-même, qu'elle ne peut *pro-téger* qu'au profit des *étrangers* et au détriment de ses nationaux, doit être *libre-échangiste*.

De même l'écoulement de ses produits agricoles, pour amener du numéraire à la place, exige le libre-échange ou l'état le plus voisin possible.

Tout au plus pourrait-on, momentanément, en vue de favoriser la population des campagnes, *protéger* par des droits modérés les produits agricoles que déprécie la concur-rence étrangère, — cela pourrait donner un stimulant à la classe des cultivateurs et encourager l'agriculture. Mais ce ne devrait être qu'une mesure transitoire.

Il appartient au Gouvernement de donner une impulsion nouvelle à l'esprit national, sans quoi la misère et le déficit iront en croissant constamment.

Nous examinerons en *détail*, dans une autre partie de ce travail, partie entièrement technique, les taxes, les mouve-ments, etc., sous les réserves bien entendu que nous avons posées en principe au sujet de toutes les statistiques doua-nières.

III

LA FRANCE

PREMIÈRE PARTIE

L'AGRICULTURE

Voici l'analyse de la première partie de notre travail concernant l'agriculture en France :

Le chapitre premier est consacré à la distinction des grandes catégories de *cultures*, selon que les produits obtenus sont destinés :

A l'alimentation, — *cultures vivrières ;*

ou à l'industrie, — *cultures industrielles.*

Ce chapitre se termine par un paragraphe important consacré à l'étude des *exigences du sol.*

Dans le chapitre 2, nous examinons le *personnel* qui doit réaliser la production ; depuis le propriétaire jusqu'à l'ouvrier rural, nous étudierons les aptitudes, l'instruction, ainsi que le mode de formation et de développement.

Le chapitre 3, consacré au *capital*, traitera en outre la question du *matériel* et celle des *charges publiques* qui viennent grever lourdement les bénéfices et apporter un obstacle à la rémunération des capitaux que fournirait *le crédit.*

Enfin, le chapitre 4 a pour objet la *concurrence étrangère.*

Après avoir rapidement passé en revue l'état de l'agriculture chez nos voisins immédiats, c'est-à-dire en Angleterre,

Belgique, Allemagne, Suisse, Italie et Espagne, nous étudierons les deux plus grands exportateurs de produits de la culture, la Russie et les États-Unis.

Suivant notre plan général, nous rejetons à une autre division de ce travail tous les documents, statistiques, etc., qui nous ont guidé dans notre examen et qui ont amené nos conclusions.

CHAPITRE PREMIER

LA CULTURE EN FRANCE

La culture en France se divise en deux catégories bien distinctes :

1° Les *cultures vivrières* donnant les produits de consommation courante, tant pour les hommes que pour les animaux : blé, orge, maïs, céréales en général, légumes, racines, fourrages, etc., etc. ;

2° Les *cultures industrielles* donnant les produits de haute valeur : vin, fruits fins, primeurs et les produits destinés à une manipulation ultérieure : lin, chanvre, tabac, matières tinctoriales, etc...

Les surfaces agricoles s'étendent sur près de 35 millions d'hectares très inégalement réparties entre les deux catégories de culture qu'on vient d'indiquer ; elles occupent ensemble 17 millions d'habitants.

Les cultures vivrières sont réparties sur 25 millions d'hectares environ comprenant :

16 millions pour les céréales ;

7 millions pour les prairies ;

2 millions pour les racines.

Quant aux cultures industrielles, elle n'atteignent pas 4 millions d'hectares, dont 2 millions pour la vigne, 400,000 hectares pour les plantes industrielles ; le reste porte des vergers, plantations d'oliviers, de mûriers, etc...

Quant à la *valeur* des produits, elle se répartit ainsi :

Cultures vivrières : 10 à 18 milliards, suivant les années ;

Cultures industrielles : 1 milliard pour la vigne, 500 millions pour le reste, soit 1 milliard 1/2.

Bien entendu, tous ces chiffres sont approximatifs, réduits à leur gros terme ; ils ne sont destinés qu'à mettre rapidement sous les yeux :

les surfaces occupées : 25 millions d'hectares } Cultures vivrières.
    produisant   10 à 18 milliards.

                 4 millions d'hectares } cultures industrielles.
    produisant   1 milliard 1/2.

Cultures vivrières. — Elles sont, comme on le voit, extrêmement développées et constituent, en réalité, *la base* de notre agriculture ; l'écoulement des produits est, en effet, assuré par la consommation journalière : pain, viande, légumes frais et secs, lait, beurres, graisses ; mais ces cultures donnant lieu à un mouvement *colossal* d'argent, 10 milliards au moins, enrichissent peu ceux qui s'y livrent, pour les raisons suivantes :

1° Les produits sont communs, à bas prix ; on ne peut réaliser sur eux de gros profits que par des spéculations hasardeuses et qui d'ailleurs, heureusement, ne sont pas à la portée du petit cultivateur.

Le bénéfice de celui-ci est fort restreint ; des variations de prix assez faibles peuvent le mettre en perte, et même dans les conditions les plus favorables le gain est modéré.

2° La production est modérée par des forces inextensibles ; un terrain déterminé, recevant tous les soins artificiels possi-

bles, ne peut malgré tout dépasser un rendement *maximum* de
tant à l'hectare ; le revenu ne peut dès lors s'accroître que
par une augmentation de la surface cultivée ; des causes
nombreuses, que nous étudierons plus loin, s'opposent à
cette augmentation, logique cependant, et amènent tout au
contraire le morcellement.

Cultures industrielles. — Celles-ci sont plus avantageuses
que les précédentes, qu'elles s'appliquent à la vigne ou au
lin, chanvre, betteraves, etc. ; mais, aussi, elles sont d'un
rendement plus aléatoire.

Il faut d'abord un sol et un climat appropriés, beaucoup
plus de savoir : non-seulement une mauvaise saison, mais
une seule nuit de forte gelée, amène une perte profonde, et tous
les événements industriels entraînent un contre-coup pour
ces cultures. Les textiles exotiques ont avili le chanvre et le
lin, les couleurs d'aniline ont tué la culture des plantes tinctoriales ; le phylloxéra a ruiné des contrées entières ; si
l'industrie traverse une période difficile, l'alimentation de
ses ouvriers diminue, ils se privent de vin, etc., etc...

Exigences du sol. — Depuis fort longtemps déjà, le sol de
la France est occupé et approprié ; le cultivateur doit donc
ou recueillir une part d'héritage, ou acheter à prix d'argent
le fonds qu'il exploitera, ou le louer.

Le sol, vieux et fatigué, doit être l'objet d'une restitution
constante des éléments de fertilité, sans quoi la stérilité ne se
fait pas attendre. Chaque plante enlève au sol certains éléments qu'il faut lui rendre sous forme d'engrais, ou laisser
se reformer naturellement en usant d'autres éléments par
une culture différente : la détermination et l'emploi judicieux
des assolements et des engrais, du mode de culture, profonde ou superficielle, est une des plus grandes difficultés
qu'ait à vaincre le cultivateur.

Loin d'être un métier de routine et d'imitation, l'agriculture est une industrie compliquée, surtout en sols fatigués ; elle exige, pour être rémunératrice, des frais considérables, un long espace de temps avant la réalisation, une attention de tous les instants et des opérations étendues et délicates.

Celles-ci sont d'autant plus importantes qu'elles ne donnent presque jamais de demi-résultats : si elles échouent, c'est complètement, entraînant une perte irréparable.

La nature du sol, sa constitution géologique superficielle et sous-jacente, sa position hydrographique, les conditions météorologiques dans lesquelles il se trouve, le climat, le régime artificiel des eaux qu'on peut lui donner..... tout cela doit être l'objet d'un examen, d'une étude judicieuse et réfléchie, *exigeant du cultivateur* des connaissances multiples, un savoir personnel étendu, des aptitudes spéciales au premier rang desquelles nous placerons l'*atavisme*.

Quelques détails sont nécessaires pour bien montrer ces *exigences du sol*, — point capital de la question.

Les défoncements, les amendements, les fumures sont des opérations essentielles pour le rendement ; le régime bien compris des eaux exige des dessèchements, des irrigations, des drainages, qui ne doivent être exécutés qu'après un mûr examen et dans des conditions spéciales de main-d'œuvre et de dépense ; les reboisements, les défrichements, les gazonnements peuvent changer les conditions météorologiques d'une contrée, mais ne peuvent être indiqués et exécutés que par suite d'une étude attentive d'un cultivateur expérimenté et observateur.

Les plantes à cultiver, le choix des variétés les plus avantageuses, dont l'écoulement est le plus facile, exigent que l'on *selectione* judicieusement les semences et les plants.

L'exploitation du bétail, la constitution de celui-ci quant aux natures d'animaux, doivent être l'objet de soins éclairés, d'une attention de tous les instants, pour le choix des espèces, la sélection des sujets, l'élevage des jeunes, etc...

Nous avons résumé quelques-unes des *exigences* les plus apparentes de l'exploitation agricole en ce qui concerne la *direction*. Grande ou petite, l'échelle d'application seule diffère, les *desiderata* sont partout les mêmes.

Ces exigences s'étendent au *personnel* tout entier, au *matériel*, aux *capitaux nécessaires;* mais ces éléments de notre étude étant l'objet de chapitres spéciaux, nous nous bornons à les signaler ici pour mémoire et, afin d'éviter les redites, nous traiterons en une seule fois, pour chacun d'eux, tout ce qui les concerne.

CHAPITRE II

LE PERSONNEL AGRICOLE

COUP D'ŒIL HISTORIQUE

Nous nous bornerons aux aperçus généraux et nous distinguerons trois périodes distinctes au point de vue de la formation du personnel agricole :

a) La période féodale, du ve au xe siècle ;

b) La période moderne, du xie au xviiie siècle ;

c) La période contemporaine.

Les Francs, population communautaire, défrichent largement le sol, déjà entamé par les Romains ; ils étendent la culture en tous sens. La production s'accroît ; des marchés se tiennent périodiquement ; dès lors, les populations rurales prospèrent peu à peu ; l'esprit d'épargne se manifeste déjà et le *serf* disparaît insensiblement pour faire place au *tenancier libre.*

« Il en résulte la constitution d'une société essentiellement « rurale, calme et progressive. » (Dareste de la Chavanne.)

En même temps, une évolution économique se produit ; le tenancier paye son seigneur en *argent* au lieu de le faire *en services ;* l'affranchissement se généralise, la féodalité subit une transformation lente d'abord qui s'achève ensuite brusquement au xᵉ siècle.

Le propriétaire seigneurial, désormais payé en *argent,* se désintéresse de la vie des champs.

La chevalerie se développe ; le seigneur ne vit plus que dans les fêtes, les tournois, les croisades, la cour. Il reçoit un grade dans l'armée ou une charge urbaine et le nouvel état de choses s'étend rapidement.

Au xviiᵉ siècle, « les propriétaires vivent à la cour et ne « s'occupent de leurs domaines que pour en toucher le re- « venu, ou pour développer leur garennes, fléau des campa- « gnes. » (Pigeonneau, 1892.)

La noblesse, rapidement ruinée par cette façon de vivre, a déjà aliéné une grande partie de ses propriétés domaniales au profit de la riche bourgeoisie. Mais celle-ci est vite gagnée par la contagion ; elle va à la ville, devient homme de *finance* ou de *robe* et laisse bientôt ses terres dans le même abandon que la noblesse.

Enfin, le paysan lui-même fuyant la guerre civile, les exactions de toute sorte, se réfugie dans les villes. Les campagnes sont délaissées, la culture abandonnée : des famines locales éclatent, provoquées par *une seule* mauvaise récolte. On vit au jour le jour, sans réserve, sans aucun lien entre les diverses provinces de France.

L'administration, de plus en plus centralisée, intervient maladroitement pour restreindre encore le mouvement et le commerce des denrées.

Le malaise est général : dû à d'autres causes que celui qui s'étend sur les populations urbaines, il n'en existe pas moins et explique comment les campagnes, si difficiles à entraîner généralement, se jetèrent à corps perdu dans la Révolution, dès qu'elle éclata.

1789 donna l'affranchissement général de la terre : abolition des redevances, des corvées, du droit de chasse, etc., le paysan devient indépendant ; le commerce intérieur est libre, les débouchés s'accroissent, les transports se créent et se perfectionnent, la culture en profite de la plus large façon.

Le dernier demi-siècle surtout voit se réaliser des progrès importants : une transformation complète de l'outillage et de la méthode de culture. Mais le progrès, dans son ensemble, ne donne pas des résultats proportionnés à l'importance de l'agriculture : cela tient à ce qu'il est limité aux grandes exploitations, que les petits propriétaires l'ignorent et ne l'appliquent pas. Ce point doit être analysé en détail, il donnera le tableau de l'agriculture actuelle.

Les propriétaires fonciers, appartenant à l'ancienne noblesse, se désintéressent de plus en plus de leurs terres, les laissant aux mains des fermiers et des métayers, qu'ils ne soutiennent ni ne dirigent en aucune façon ; la bourgeoisie, grande terrienne maintenant, qui dispute à l'ancienne noblesse les grades et les emplois publics, la classe *dirigeante*, en un mot, ne dirige rien, surtout dans la conduite du travail. Habitant les villes, lancée dans la politique et les spéculations, ou simplement rentière de l'État ou des grandes sociétés financières, elle pousse les préjugés de la noblesse à l'extrême et l'on rencontrerait plutôt un gentilhomme *campagnard* qu'un bourgeois *rural*.

Le travail agricole est donc tout entre les mains de petites gens et si la constatation indéniable qui précède ne suffit pas, nous allons l'établir avec des documents précis, car ce point a une importance capitale ; il est la *base* de notre étude ultérieure.

Le recensement de 1892 fait connaître qu'il y a, en chiffres ronds, trois millions d'exploitations rurales ainsi réparties :

80 % sont inférieures à 10 hectares ;
95 % sont inférieures à 40 hectares ;
De moins de 10 hectares. 2.500.000
De 10 à 40 hectares. 530.000
De 40 hectares et au-dessus 150.000

Ces deux millions et demi d'exploitations inférieures à 10 hectares représentent en tout de 10 à 12 millions d'hectares au bas mot, c'est-à-dire la 1/2 de la superficie totale agricole de la France.

Elles sont aux mains de paysans, de petits fermiers, de métayers, qui peuvent être d'habiles et excellents ouvriers ruraux, mais qui n'ont pas en ce moment les connaissances et surtout l'*esprit* qui devrait les animer et diriger leurs efforts. Enclins à la routine, fermés aux innovations, attachés jusqu'à l'entêtement aux procédés surannés, ils n'obtiennent qu'une production médiocre, une qualité inférieure et leur profit est restreint.

Ce n'est ni le fonds ni l'activité qui manquent, c'est le savoir et les exemples journaliers.

La routine a une influence désastreuse.

Tout d'abord la *machine* semble une ennemie du travail manuel : elle a contre elle l'ouvrier rural qui l'accuse de lui voler son salaire. Il est facile d'établir, au contraire, que la machine transforme la main-d'œuvre et que, dans la plupart des cas, elle diminue l'effort physique du travailleur en en faisant un simple approvisionneur et un classeur des produits obtenus. Elle permet à l'ouvrier de travailler plus longtemps et, si son salaire *à l'heure* diminue, il peut le prolonger davantage sans plus de fatigue. Mais ceci n'est qu'un côté

de la question, qu'il faudrait étudier en détail ; tel n'est pas
ici notre but.

« La première charrue de fer introduite à Pont-l'Abbé par
« un grand propriétaire, M. de Chatellier, causa un gros
« scandale dans le pays, et sa rupture accidentelle fit la joie
« du public. » (Pouisard.)

« L'apparition, en Bretagne, de la batteuse à vapeur, causa
« chez les paysans une véritable émeute, et la première fut
« mise en pièces par les *gas* exaspérés. » (Baudrillart.)

Dans le Midi, le même esprit domine et produit des effets
analogues.

Il est vrai que la diffusion de l'instruction primaire, le
mouvement de la jeunesse occasionné par le service militaire,
le contact avec l'industrie manufacturière, ont amélioré cette
situation ; mais le fonds de l'esprit campagnard est le même.

La routine est la cause première de la faiblesse de la production.

.˙.

L'initiative personnelle fait complètement défaut dans toutes les couches d'origine communautaire, où l'on est encore
enclin à compter les uns sur les autres ; la tradition est enra-
cinée, surtout dans l'Ouest et le Midi, où les populations sont
presque fermées à toutes les innovations, même les moins
récentes et les plus appliquées par ailleurs.

« Le tisserand des côtes du Nord reste obstinément attaché
« au métier, désormais incapable de lui donner le pain quo-
« tidien. » Si on le lui fait observer, il répond : « Dans notre
famille nous avons toujours fait des toiles. » Vous lui dépei-
gnez sa misère, ses enfants sans vêtements : « Nous avons
été riches autrefois », dit-il. Vous lui faites comprendre que
les temps sont changés, que sa misère ira s'accroissant :
« C'est Dieu qui conduit le pauvre monde ! » soupire-t-il
pour toute réponse. (Em. Sauvestre, — *Les Populations agricoles de la France.*)

Cet exemple est typique, il est malheureusement trop fréquent !

Mais, dès qu'ils sont éclairés, qu'ils s'adonnent à la tâche bien comprise, nos cultivateurs sont largement récompensés et on ne saurait trop le dire bien haut. Voici un fait rapporté par le *Recueil consulaire belge* de 1881. — Son témoignage ne saurait être suspect, car, dans son ensemble, *l'esprit* du document ne nous est guère favorable:

« Dans les environs de Bayonne, quelques hommes capa-
« bles et éclairés, *trop clair-semés*, sont parvenus à récolter,
« presque sans frais, jusqu'à 54 hectolitres d'avoine à l'hec-
« tare. Ils ont, d'autre part, obtenu de 8 à 9 hectares de terre
« habilement cultivés et où un nombreux bétail pouvait être
« entretenu, environ 4,800 francs à partager avec le pro-
« priétaire. »

.

Or, qu'a-t-on fait jusqu'à présent pour *relever le niveau* de l'industrie agricole ?

Plus de mouvement apparent que de faits pratiques. Plus de discours officiels, ce qui est déjà quelque chose, que d'actes administratifs. On a créé dans chaque chef-lieu un emploi de professeur officiel d'agriculture qui a pour mission de servir d'éducateur technique au milieu des paysans de son département.

Que peut-il en réalité ? Peu de chose, — l'inertie des campagnes étant une force nuisible colossale ; pour la vaincre, il faudrait accumuler les mesures et surtout faire des efforts sans cesse répétés pour créer le véritable *esprit agricole* en France. C'est dans *l'éducation* primaire, variable selon la contrée, que la première influence, la plus durable, doit se faire sentir. Il y a trop à dire sur un pareil sujet ; nous nous contentons de l'esquisser sans nous y arrêter.

.

Plaçons-nous à un autre point de vue et supposons que le personnel agricole des campagnes ne laisse rien à désirer ; nous nous trouvons donc en présence de la législation actuelle. Quelle est son influence ?

Tout d'abord, le service militaire vient priver le cultivateur de ses aides naturels au moment précis où ils sont aptes au travail ; il n'est pas rare, dans les familles à fils nombreux, de voir ceux-ci enlevés successivement au père de famille. 250,000 paires de bras vigoureux enlevés annuellement à la culture aggravent encore la pénurie de travailleurs agricoles qui maintient la main-d'œuvre à un taux trop élevé, ou a pour effet de ne permettre au petit cultivateur de ne donner que des façons superficielles, dont la production médiocre est la plus immédiate conséquence.

Souvent, tout travailleur enlevé par la caserne reste à la ville et ne revient plus aux champs, et plusieurs fois de suite le même fait se reproduit dans la famille. Le patrimoine ou la ferme paternelle périclitent avec les soins mercenaires auxquels on est obligé de recourir. — Des efforts considérables sont ainsi *anéantis* sans profit pour personne.

D'autre part (mais ici nous ne faisons que soulever le voile), le morcellement, conséquence du partage égal édicté par le Code civil, vient aggraver encore une situation peu prospère, que la nécessité de constituer une dot pour les filles prive des capitaux disponibles et du produit des bénéfices pour accroître l'exploitation.

Le partage égal, dont le but était la grande propriété foncière, frappe plus lourdement la petite et détruit périodiquement les efforts de la classe la plus intéressante de la population. — Mais on chuchote ceci tout bas, parce qu'on redoute d'être taxé de rétrograde, de revenir aux errements surannés, etc. ; il faut avoir le courage de son opinion, il y aurait une étude à faire pour obvier à cet état de choses sans rétablir l'ancien droit foncier.

En résumé :

a) Le *grand propriétaire* n'habite pas son domaine rural ; il y fait une apparition à l'époque de la chasse ; il n'a aucune des connaissances générales qui lui seraient indispensables, même pour contrôler seulement le travail de son fermier, le conseiller et l'aider de ses capitaux, — ce qui serait le mode de crédit le plus naturel ;

b) Le *petit propriétaire*, s'il a une instruction suffisante au sens courant du mot, n'a pas les connaissances techniques nécessaires, aucun exemple ne passe sous ses yeux pour le guider. Il manque de capitaux, ne peut même consacrer les bénéfices à son exploitation, car il faut doter les filles ou établir les garçons en donnant part égale à chacun. L'instabilité de la propriété le pousse à déserter la culture ;

c) Le *fermier* et le *métayer*, pour des causes différentes, ne peuvent donner de bons résultats dans l'état actuel. — Le premier est toujours préoccupé de tirer son épingle du jeu et d'assurer ses intérêts, qui sont *immédiats*, contre ceux du propriétaire, qui sont *d'avenir*. Le second n'ayant point ou peu d'avances, n'étant ni contrôlé ni soutenu par le propriétaire, donne des résultats encore inférieurs à ceux du fermier.

Il nous semble utile de préciser que nous ne parlons nullement de l'*ingérence* du propriétaire f cier dans l'administration et l'exploitation de ses fermes, mais de l'intérêt que prend toute personne compétente, de cent façons différentes, à une exploitation qu'elle connaît, dont elle sent les besoins et qu'elle a intérêt à voir prospérer ;

d) Les *ouvriers ruraux* deviennent de plus en plus rares et chers. Occupés, comme nous venons de le montrer, exclusivement par de petites gens, n'ayant que de petits moyens, ils se lassent vite d'un labeur excessif, avec mauvais logement, mauvaise nourriture, direction exigeante et qui lésine sur tout. Ils préfèrent le travail de l'usine, mieux réglementé,

mieux payé et accompagné de meilleures conditions maté-
rielles. Disons tout de suite que ces avantages immédiats et
apparents ont un terrible revers, — et bien que ce ne soit
pas notre point de vue actuel, nous tenons à citer le passage
suivant d'un discours prononcé par M. le colonel Moziman,
en 1888, devant l'assemblée générale des agriculteurs de
France :

« Un officier étranger (¹) a publié un tableau faisant res-
« sortir le tant pour cent de leur population que, d'après
« leurs lois militaires, les divers États de l'Europe peuvent
« mettre sous les armes. En prenant, dans ce tableau, le
« chiffre concernant la France, et en le rapprochant de la
« proportion connue entre le nombre de jeunes gens déclarés
« bons pour le service, sur un même contingent, selon qu'il
« provient des champs ou des ateliers, on arrive à cette
« conclusion : qu'entre une population industrielle et une
« population rurale du même chiffre, il y a une différence de
« 2 à 2 1/2 % de ce chiffre, sur les effectifs qu'elles fournis-
« sent à la mobilisation. De sorte que les 2,400,000 âmes qui
« ont, en quinze années, quitté les campagnes, se traduiront
« pour la défense nationale, quand la jeune génération sera
« devenue adulte, par un déficit de 50,000 hommes ! »

Voilà une constatation qui mérite réflexion ! ! !

CHAPITRE III

LE CAPITAL AGRICOLE

Il comprend deux éléments distincts : le *matériel* agricole
et le *capital* proprement dit.

(1) Général Bronsart von Schellendorf.

LE MATÉRIEL AGRICOLE

L'exiguïté du plus grand nombre des exploitations agricoles s'oppose à l'emploi des machines qui donnent un travail plus régulier, plus soigné, moins cher et que l'homme ne peut même parfois pas exécuter, tels les profonds défoncements, indispensables pour la culture des plantes à longue racine.

Réduite à la main-d'œuvre manuelle, d'un prix élevé et d'une imperfection souvent reconnue, la petite culture voit ses prix supérieurs à ceux des grandes exploitations : à prix de vente égal, son bénéfice est moindre, son écoulement plus difficile.

Dans les fermes moyennes, faute d'une instruction technique suffisante, on ne donne pas assez d'importance à l'emploi du matériel perfectionné. Celui qui frappe le regard dans les campagnes est neuf fois sur dix médiocre et suranné. On manque absolument de l'ouvrier agricole sachant se servir de la machine.

L'exemple, d'ailleurs, n'est guère donné par la classe élevée des cultivateurs : à de rares exceptions près, quand la *mode* plus que la raison et le savoir ont amené un grand fermier à l'emploi d'un matériel mécanique moderne, il n'apporte qu'un soin tout relatif à l'entretien et à la conservation de celui-ci. Routinier à sa façon, croyant que tout ce qui touche l'exploitation rurale doit être boueux, sale, abandonné aux intempéries, il laisse souvent périr au soleil, à la pluie, à la neige, sans peinture, sans graisse, des bois fendus, des fers rouillés, et nous montre des outils d'un grand prix dans l'état le plus lamentable qu'il se puisse imaginer. Le paysan voyant qu'on n'attache pas d'importance à la conservation d'un matériel qu'il sait coûteux, le considère comme inutile et ne cherche pas à se procurer les outils perfectionnés dont l'emploi serait fructueux pour lui. Ce sentiment se généralise sur les bestiaux d'exploitation, nous n'en dirons qu'un mot en passant : qui de nous n'a été frappé de l'état repoussant de malpropreté des bœufs, vaches, chevaux de labour ou de trait, qui ont une cuirasse de fumier sur les flancs, vierges de tout coup de brosse ou d'étrille ; bien plus, il y a des paysans qui croient que c'est une cause de conservation des animaux, oh ! routine !

LE CAPITAL PROPREMENT DIT

Nous examinerons quelle est la situation au point de vue de chacune des classes déjà rencontrées de cultivateurs :

a) Le grand propriétaire pratiquant le faire valoir direct ;

b) Le grand fermier ;

c) Le moyen et le petit propriétaire ou fermier.

a) Le grand propriétaire faisant valoir lui-même est rare ; mais, même lorsqu'il est très attaché à son exploitation, beaucoup de causes, dans notre organisation sociale, le détournent de consacrer des sommes importantes à l'augmentation de son capital agricole. L'instruction des enfants est coûteuse, la vie urbaine qu'il pratique une partie de l'année est une lourde charge ; il faut qu'il constitue une dot pour ses enfants, il faut éviter le morcellement qui déprécie, en ayant un portefeuille qui facilite les partages.

Le grand propriétaire est rarement au niveau de la science agronomique ; il ne s'y adonne pas corps et âme, mais simplement pour s'occuper, ou *par goût exceptionnel,* dans son milieu social.

L'exemple est funeste, tant pour la classe moyenne que pour la petite ; outre le manque d'initiative et d'activité, *on ne croit pas aux placements agricoles* pour les capitaux, puisque les principaux intéressés, employant eux-mêmes leurs fonds, placent ailleurs une grosse partie de leurs bénéfices d'exploitation. Quant aux grands propriétaires qui afferment leurs domaines, il est regrettable de dire qu'ils sont plutôt les adversaires de leurs fermiers que leurs appuis moraux ou matériels.

Devant le parti-pris des classes supérieures à cet égard, l'état que nous signalons durera longtemps encore !

b) Le grand fermier. — Pour celui-ci, le capital personnel est indispensable : on ne lui confie une exploitation que s'il a les fonds nécessaires. — C'est une sorte d'industriel.

Mais, à de trop rares exceptions près, les capitaux de ce fermier sont d'une insuffisance notoire : et alors qu'il conviendrait pour eux de réunir 800 à 1,000 francs par hectare de ferme, il en est peu qui possèdent au delà de 200 francs par hectare. Cette insuffisance de capital dans la classe des grands agriculteurs par excellence est la cause la plus directe du malaise agricole et de son impuissance productive : nous parlons, bien entendu, de l'ensemble et non des cas isolés.

c) Le petit cultivateur, propriétaire ou fermier. — Celui là n'a guère d'argent : pas même de fonds de roulement ; il attend la réalisation de sa récolte pour payer ses fournisseurs : ceux-ci font leurs prix en prévision d'un long crédit et les prix payés par cette catégorie de cultivateurs sont certainement supérieurs à ceux qu'obtiennent ceux qui paient comptant ou à peu près.

Si l'exploitation est fructueuse, le petit cultivateur cherche à agrandir son domaine afin d'éviter à ses enfants la dépréciation du morcellement, ou bien il se constitue un capital liquide, fruit de ses économies, qui l'amène peu à peu à épuiser sa terre et à lésiner sur toutes ses dépenses pour augmenter son portefeuille.

Quand l'âge s'avance, tous les cultivateurs, à de rares exceptions près, deviennent *avares* et ne transmettent à leurs successeurs qu'une exploitation usée, incapable de

produire avec fruit sans un nouveau capital fort difficile à
trouver.

.·.

Mais, dira-t-on, pourquoi l'agriculture n'a-t-elle pas,
comme l'industrie, recours au *crédit*?

Parce que le crédit agricole ayant des exigences multiples
bien différentes du crédit commercial et du crédit industriel,
n'est pas encore organisé en France ; une loi a été rendue,
mais rien n'a encore été fait de pratique. La question est trop
importante par elle-même pour qu'on en dise davantage ici.

Reste le *crédit privé*, le prêt d'argent du rentier ou du
petit capitaliste au cultivateur. — Or, ce mode de placement
a entièrement disparu depuis 25 ans, la multiplication des
valeurs d'État et valeurs industrielles a peu à peu détourné
le petit capitaliste de tout prêt direct autrement que sous la
forme gênante et lourde de l'hypothèque parce que son taux
s'est maintenu à 5 % environ.

Malheureusement, en dehors du cultivateur personne ne
s'occupe de l'agriculture ; dans cet ordre d'idées, il conviendrait de profiter de l'époque troublée par de grands désastres
financiers que nous traversons, pour ramener l'épargne vers
la terre. Avec les capitaux nécessaires, la production s'amé-
liorerait, la propriété foncière reprendrait de sa valeur, la
moitié de la France en ressentirait l'effet immédiat.

.·.

CHARGES DE L'AGRICULTURE

Quel que soit le mode employé pour amener le *capital*
vers l'industrie agricole, il faut que ce capital soit *rémunéré*
et à un taux plus élevé que la rente sur l'État, puisqu'il y a
un certain aléa et surtout qu'une irrégularité dans le paiement des intérêts peut se produire par suite d'une mauvaise
année ou de tout autre événement.

Or, notre législation actuelle est loin de faciliter cette rémunération à 5 ou 6 %, qui serait indispensable, surtout au début, pour amener les premiers capitaux et donner l'élan nécessaire pour que l'innovation ait un effet sensible.

En effet, l'impôt foncier, la cote personnelle, la taxe des portes et fenêtres, les impôts indirects, les prestations, les centimes communaux et départementaux pèsent lourdement sur le crédit agricole déjà si restreint.

L'État exige des contribuables. 3 milliards 500 millions.

Les départements   250   »

Les communes.   500   »

     Au total . . . . 4 milliards 250 millions.

Comptons seulement 4 milliards.

Or, la production *agricole* varie de 10 à 18 milliards.

Mettons en moyenne . . . . 15 milliards.

La production *industrielle* varie de 15 à 30 milliards, soit. . . . . 22 milliards.

en moyenne, total . . . . 37 milliards.

Comptons *40* milliards.

Ceux-ci sont donc frappés de *10* % de charges nationales, avant tous autres comptes, et 10 % *ad valorem* pèsent bien lourdement sur les bénéfices ; l'égalité ici est un *vain* mot, et pour rester sur la réserve que nous nous sommes imposée, nous dirons simplement qu'il serait désirable qu'une répartition plus équitable *des charges nationales* fût établie.

En résumé, la culture *nourrit son homme*, mais ne lui donne que peu d'argent liquide ; elle n'amène la constitution d'un petit capital, ce que la simple sagesse ordonne, que par l'épargne à outrance, l'économie presque sordide, allant même jusqu'au refus au corps des soins et des aliments dont il a besoin.

La culture ne donne pas même l'*aisance* la plus élémentaire à la presque totalité de ceux qui s'y adonnent actuellement en France !

LA CONCURRENCE ÉTRANGÈRE

Nous consacrerons un paragraphe à chacun des pays suivants : Angleterre, Belgique, Allemagne, Suisse, Italie et Espagne.

Nos conclusions, en ce qui les concerne, seront brèves, car nous n'avons à nous étendre que sur les *producteurs naturels, exportateurs* forcés de *produits agricoles*, la Russie et les États-Unis.

Mais, auparavant, nous résumerons ici les conditions essentielles pour qu'un sol déterminé donne une production agricole de quelque importance. Il lui faut :

1° Un personnel de direction éclairé et actif ;

2° Un personnel manœuvrier fort, travailleur, énergique et persévérant ;

3° Des capitaux suffisants, d'autant plus importants que le sol est plus épuisé et que la main-d'œuvre, parfois rare, doit être remplacée par un matériel coûteux.

Nous n'exprimons que les conditions indispensables ; l'examen de celles-ci pour chacun de nos voisins servira de thème commun à nos études particulières à ce sujet.

⁂

Angleterre. — Le goût prédominant des Anglais pour la vie *rurale* qui, chez nos voisins, donne la mode et le ton, a toujours fourni à leur agriculture un personnel dirigeant attaché à conduire lui-même l'exploitation du sol. L'idéal de tout Anglais est l'acquisition d'un domaine *rural* qui fera de lui un homme indépendant, influent : les gens ont leur racine dans leur *country-seat ;* Londres n'est qu'un rendez-vous d'affaires.

Le développement colossal de l'industrie a donné aux producteurs agricoles plus de débouchés qu'ils n'en ont besoin. Le pays reste importateur de toutes les denrées de consommation.

Il en résulte une situation très prospère ; la race anglo-
saxonne est active, forte, douée d'initiative, ayant une tendance innée à l'indépendance personnelle. Les capitaux
agricoles sont abondants, c'est le premier placement des propriétaires ; la propriété rurale a une valeur élevée. L'entente
est ordinairement très bonne entre les propriétaires et les
fermiers ; les premiers connaissent les détails et les besoins
du métier et les seconds savent qu'ils peuvent compter sur
leur landlord.

L'Angleterre est certainement le premier producteur agricole, grâce à ses soins, ses capitaux, son travail. Mais son sol
est limité, et l'Anglais est un gros consommateur. Voici,
avec toutes les réserves déjà faites sur les statistiques, les
éléments principaux qui nous permettent de conclure que
nos producteurs agricoles, bien dirigés, trouveraient en
Angleterre un débouché important et dont la consommation
s'accroît chaque année. Les chiffres ci-dessous s'appliquent
aux années 1890-1891-1892 ; comme ils ne sont qu'une *indication* pour nous, la précision importe peu :

Importations en Angleterre. — Gros bétail : têtes,
500,000 ; moutons, 350,000 ; viande de bœuf, 107 millions
de kilog. ; saindoux, 65 millions de kilog. ; porc et jambon,
265 millions de kilogrammes.

Moutons entiers *gelés*, 3 millions 300 mille têtes.

La valeur des viandes de bœufs importées est de 500 millions de francs. Beurre, 160 millions de kilog. ; fromage,
100 millions de kilog.; œufs (pièce), 1 milliard 235 millions.

Blé, 33 millions de quintaux ; farine, 8 millions de quintaux ; orge, 8 millions ; avoine, 8 millions ; maïs, 13 millions ; oignons, 1 million 500 mille hectolitres.

Fruits, 570 millions de quintaux.

L'Angleterre est donc un débouché possible pour la surproduction française. Une étude détaillée serait nécessaire à ce
sujet pour vulgariser la pratique de cet écoulement.

Belgique. — C'est un pays agricole modèle, un véritable jardin. Race active, direction éclairée, capitaux abondants, tout a concouru à placer l'agriculture flamande au premier rang, tant par la perfection des méthodes que par la puissance du rendement et la valeur de la propriété foncière.

Comme en Angleterre, le développement de l'industrie donne une consommation bien supérieure à la production et la Belgique est, *par nécessité, importatrice* de denrées et de matières premières.

Voici les données se rapportant à l'année 1889-1890 : bœufs (têtes), 6,000 ; moutons, 110,000 ; porcs, 245,000 ; fromages, 5 millions de kilog. ; conserves, 3 millions 500 mille kilog. ; beurre, 12 millions de kilog. ; œufs, 70 millions de pièces ; graisse, 1 million 500 mille *tonnes ;* vins, 210,000 hectolitres.

Allemagne. — L'ensemble du sol est peu favorable à la culture. Les classes supérieures ne s'en occupent pas du tout, bien moins qu'en France : la bourgeoisie fait de même et au fur et à mesure que celle-ci se rapproche de la noblesse elle augmente son mépris pour tout ce qui n'est pas *fonctionnaire.*

Quant à la race, celle du Nord est assez active et particulariste, celle du Sud est indolente et communautaire. Il y a tendance manifeste de toutes les petites gens à se porter vers l'usine, l'agriculture est en décroissance.

L'Allemagne est *importatrice* : ici, nos indications sont exprimées en *marks* (1 fr. 25) :

Céréales, 390 millions de marks ; bétail, 210 millions ; œufs, 57 millions ; peaux et cuirs, 135 millions ; lin et chanvre, 175 millions.

L'Allemagne nous envoie quelques viandes de conserve, de médiocre qualité, ainsi que du gibier, médiocre également.

Suisse. — La culture est difficile et n'enrichit pas : on ne peut produire beaucoup qu'avec les pâturages. La race est active, intelligente, laborieuse et tire un parti merveilleux de son sol, — mais les difficultés que présente celui-ci à la culture ne permettent pas au pays de nourrir sa population : la Suisse est donc *importatrice* de denrées alimentaires, bœufs, farines, pommes de terre, œufs, volailles, etc.

La Suisse, grâce à ses efforts pour l'emploi des pâturages, est arrivée à une production considérable de lait et de produits accessoires.

Elle *exporte* pour 40 millions de francs de fromages, et 15 millions de francs de lait condensé.

Ses races *laitières* sont exportées de 40 à 45,000 par an pour la reproduction et l'élevage.

Italie. — Sol entièrement favorable — mais la direction manque absolument : l'aristocratie, enfermée dans les villes, ne va *jamais* à la campagne ; la culture n'a pas de capitaux, la race est indolente et répugne à tout effort physique et soutenu. Il n'y a que la production *spontanée*, en quelque sorte, qui arrive à être plus abondante que la consommation.

Les fruits fins, les primeurs, les *vins* surtout, menacent nos marchés par un bas prix excessif contre lequel nous ne pouvons lutter.

Espagne. — Nous en avons fait l'étude détaillée d'autre part. Elle est *exportatrice* comme l'Italie de fruits et de vins à très bas prix.

Russie. — Sur   s d'hectares s'étend une terre noire appelée *terre nozom*, qui couvre sur 60 centimètres à 1ᵐ50 le centre et le sud de la Russie. C'est une sorte d'humus qui fournit indéfiniment, sans engrais, des céréales, du froment, des betteraves et de grandes prairies.

La race est nombreuse, suffisamment active pour obtenir avec une culture toute superficielle et presque sans effort une production colossale.

Malgré les transports excessivement longs, que certaines denrées doivent effectuer pour atteindre seulement les ports, la Russie *exporte* en ce moment des céréales pour plus de un milliard de francs, du lin, du chanvre, du tabac, des spiritueux.

Elle menace tellement à ce point de vue ses voisins immédiats que, depuis 1886, l'Allemagne se protège par des droits de douane absolument prohibitifs (mark, 1 fr. 25) : froment, 1,050 marks par wagon ; seigle, 500 marks ; avoine, 400 marks, pour la même quantité (10,000 kilog.).

L'indication est utile à méditer !

États-Unis. — Nous trouvons là 250 millions d'hectares cultivables sans prix de vente appréciable, recouverts d'une couche de 20 à 40 centimètres de terreau, de feuilles et d'herbes décomposées ; n'exigeant que des façons légères, ces terrains peuvent donner une production dépassant tout ce qu'on peut imaginer.

La race est active, énergique, douée d'une très grande initiative, soutenue par des capitaux venant de l'industrie — elle s'adonne à la culture : le personnel dirigeant est assez nombreux. Le petit nombre des *travailleurs* est le seul obstacle à un développement intensif de la production.

On y supplée par l'emploi d'un outillage agricole perfectionné, mais il est coûteux, et les capitaux ne venant que lentement, la production est obligée de suivre la progression que les faits énoncés lui imposent.

Le frêt maritime devient très bas : 30 francs par tonne, de

San-Francisco à Liverpool. Voici quelques chiffres d'exportation annuelle :

Céréales, 1 milliard de francs ; coton, 1 milliard 300 millions ; animaux et viandes, 800 millions à 1 milliard ; tabac, 200 millions.

.'.

Tel est l'état exact de la situation agricole de la France et l'exposé sommaire de la production étrangère pouvant influencer, dans un sens ou dans l'autre, l'écoulement de ses produits.

Comme conclusion à ce chapitre, que pourrons-nous ajouter que nos lecteurs n'aient pas déjà exprimé. Bien que le but que nous avons poursuivi en traitant la question de l'agriculture comme nous l'avons fait, ne soit pas de développer cette importante question à fond, nous pouvons cependant formuler une conclusion. C'est que la France est un des pays les mieux placés d'Europe pour arriver à un état des plus florissants par son agriculture, et qu'elle a donc le plus urgent besoin d'être soutenue, encouragée, et cela par le Gouvernement d'abord, par les agriculteurs eux-mêmes ensuite. Par le Gouvernement, en dégrevant la terre ; ce résultat paraît dans les idées de nos gouvernants et nous ne pouvons que les en féliciter ; en effet, nous lisions dernièrement dans *la Petite Gironde* (23 janvier 1897), sous la signature Adrien Bastid, un article dont nous tenons à donner l'exorde : « Dans une récente séance, M. Méline, oppo-
« sant la politique financière du cabinet qu'il préside à celle
« du précédent ministère, affirmait la nécessité « du dégrè-
« vement de la terre ou du petit contribuable ». Nous espé-
« rons que ces paroles ne resteront pas lettre morte. C'est
« bien là, en effet, la véritable solution du problème fiscal, la
« seule réellement pratique et ne devant pas se produire dans
« l'application par des déceptions profondes. » Nous approu-

vons hautement ces paroles et nous y associons de tout
cœur. Qu'on se mette donc à l'œuvre et qu'on recherche les
meilleurs moyens budgétaires, mais qu'on n'oublie pas l'amélioration du réseau de notre vicinalité, l'abaissement des
tarifs de chemins de fer, etc., etc., et surtout qu'on n'oublie
pas qu'en payant bon marché tout ce qui est utile, indispensable même à l'agriculture, que cela vienne de l'étranger ou
soit produit sur le territoire, on diminue d'autant les charges
de l'agriculteur.

DEUXIÈME PARTIE

L'INDUSTRIE

Continuant à suivre le plan méthodique de nos études
économiques, nous nous proposons dans cette deuxième
partie d'examiner quelle est la situation de l'industrie en
France.

Le chapitre premier est consacré à l'étude des *ressources
naturelles* — produits minéraux, forces motrices, etc...

Dans le chapitre 2, nous traitons la question du *personnel*
dirigeant et travailleur, en jetant un coup d'œil historique
sur les temps modernes et les corporations.

Nous examinons, dans le chapitre 3, le *capital* et l'*outillage*, ces deux éléments essentiels de l'industrie. Enfin, le
chapitre 4 renferme une étude complète de la *production
industrielle* de la France et de son caractère actuel.

CHAPITRE PREMIER

RESSOURCES NATURELLES

Les deux éléments essentiels de l'industrie sont : les matières premières et la force motrice destinée à animer les machines-outils.

Les matières premières sont ou les minerais extraits du sol ou les produits naturels ou cultivés que l'on doit transformer ; la force motrice est tirée des agents naturels ou obtenue par les moteurs artificiels.

Nous allons étudier successivement tous ces éléments :

Matières premières : minerais extraits du sol,

produits de la culture ou de l'élevage.

Forces motrices : sources naturelles de forces motrices,

moteurs artificiels.

§ 1er. — MATIÈRES PREMIÈRES

Minerais et métaux. — Nous sommes assez mal doués à ce point de vue ; notre sous-sol est peu riche en minéraux. Certains d'entre eux, et des plus importants comme valeur intrinsèque, n'existent pas, ou en si petite quantité que l'exploitation ne saurait en être faite : le platine, l'or, l'argent, le mercure, ne se rencontrent pour ainsi dire pas. Le zinc, le nickel, le plomb, l'étain, l'antimoine, le manganèse, ne fournissent qu'une faible extraction annuelle qui est loin de suffire à nos besoins industriels.

Le minerai de fer est plus abondant ; mais, outre qu'il est loin de présenter la richesse de certains gisements, tels que ceux de l'île d'Elbe, de Mokta-el-Hadib en Algérie, le fer se rencontre rarement en France dans le voisinage de la houille. Il résulte de cette situation désavantageuse que le minerai

arrive à la fonderie grevé de frais de transport considérables ;
d'ailleurs, il atteint à peine la moitié de la consommation ; le
reste, près des 2/3, vient de l'étranger. Notre industrie métal-
lurgique se trouve donc, de ce fait, dans un état d'infériorité
incontestable, à l'égard de voisins mieux favorisés au point
de vue des richesses minérales.

En 1890, nous avons dû *importer :*

11 millions de tonnes de houille sur 37 millions environ
consommées ; 1 million 612 mille tonnes de minerai de fer et
137,000 tonnes de fonte.

Le minerai et le combustible indigène doivent toujours être
transportés à de grandes distances pour se rencontrer dans
les hauts fourneaux.

Produits de la culture et de l'élevage. — Nous retrouvons
une situation analogue au point de vue de ces produits ; mais
là, le mal tient au délaissement de la culture que nous avons
reconnu dans la première partie des études sur la France.

Le lin, dont la production ne dépasse pas 200,000 quintaux,
en filasse, présente l'exemple le plus frappant d'insuffisance
— plus de 700,000 quintaux de filasse sont importés annuellement, en outre de 60,000 quintaux d'étoupe.

Le chanvre au contraire est abondant ; mais là encore,
malgré une production de 400,000 quintaux, l'importation
nous en fournit environ 150,000 quintaux et 25,000 quintaux
d'étoupe.

La production forestière est insuffisante, bien que les forêts
véritables dépassent 10 millions d'hectares — mais là il y a
une question spéciale à étudier, car, malgré l'abondance
croissante du bois importé, le produit des bois a diminué en
France d'une façon considérable, depuis vingt ans surtout !
A quoi cela tient-il ?

Nos usines ne trouvent pas à beaucoup près, en France,

les quantités et les qualités de laines qui leur sont indispensables.

On n'a guère dépassé 600,000 quintaux en 1890 et l'importation a atteint la même année 1,800,000 quintaux, valant plus de 350 millions de francs et venant de la Plata ou des ENTREPÔTS anglais et belges.

Les peaux nous manquent également : l'approvisionnement en soie est surtout rendu onéreux par l'organisation du *commerce*, que nous étudierons dans la troisième partie de ce travail.

A tout cela il faut ajouter les matières premières que la France ne produit à aucun degré, comme le coton, les bois d'ébénisterie et de teinture, les huiles d'Afrique, etc., etc.

.·.

En résumé, la France se trouve dans un état d'infériorité notable vis-à-vis de certains voisins où les industriels obtiennent la houille, le fer et d'autres matières premières en plus grande abondance et à meilleur marché.

§ 2. — FORCES MOTRICES

Forces naturelles. — Les moteurs hydrauliques, quand on peut les avoir et les employer, sont les plus avantageux ; ils ne coûtent presque rien. En France, un certain nombre de rivières et de chutes d'eau sont employées, mais elles présentent deux inconvénients graves. Le régime des eaux est irrégulier ; à moins de travaux fort coûteux, la saison du débit moyen est fort limitée — à certaines époques ce sont des torrents, à d'autres, le débit est trop faible.

Une industrie établie sur ces bases a forcément une marche intermittente — elle voit s'élever son prix de revient. Nous citerons la coutellerie de la région de Thiers qui chôme une partie de l'année faute d'eau. La production est insuffisante pour les frais généraux et les salaires sont trop élevés. — Or, un *barrage*, travail d'art gigantesque, exigerait des dépenses s'élevant à 15 ou 20 millions, que l'on récupérerait certainement, mais l'organisation des Ponts et Chaussées s'oppose à toute initiative privée, seule capable, cependant, de mener à bonne fin une opération de ce genre au point de vue financier. De plus, l'esprit du capitaliste français, en ce moment, n'est pas tourné vers ces entreprises qui sont pour lui trop prosaïques, à côté des nuages dorés qui lui présente l'agiot de la Bourse aux valeurs !

Enfin, l'esprit politique s'oppose aux monopoles, seule garantie, cependant, des entreprises exigeant des dizaines de millions pour arriver à bien.

Le second inconvénient des forces hydrauliques est qu'elles sont rarement placées à l'endroit où l'on peut les employer utilement.

Les progrès de l'électricité, le transport de l'énergie à distance, atténuent et atténueront, il faut l'espérer, dans un avenir prochain, en partie le défaut qu'on vient de signaler ; mais, outre la double transformation du travail en électricité, de celui ci en travail, le transport à distance, les pertes de transmission et d'inertie, qui augmentent sensiblement le prix de revient de la force motrice, l'*irrégularité* persiste. On ne peut donc compter que sur un emploi restreint des forces naturelles, d'ailleurs assez peu nombreuses en France.

Forces artificielles. — Elles ont pour élément d'origine la houille et les combustibles, destinés à produire de la vapeur pour la plupart ; les moteurs à gaz, à pétrole, etc., prennent cependant une place qu'on ne peut négliger.

La France ne renferme pas de mine de pétrole, on en soupçonne dans le massif central : mais à 300 mètres de profondeur, on ne trouve encore que des schistes et des goudrons.

Quant à la houille, elle est mal distribuée quoique assez abondante ; nos bassins carbonifères, de faible étendue, sont d'une exploitation coûteuse. Les 80,000 mineurs français ne donnent en houille, anthracite, lignite, que les 2/3 à peine de la consommation totale. Restant aux simples *constatations* sans rechercher les causes, nous devons dire que le mineur français ne produit que 310 tonnes annuellement, alors que son concurrent anglais produit 430 tonnes.

Voici quelques chiffres pour la houille :

	Tonnes extraites en France.	Tonnes importées en France.
1869........	13.461.000 tonnes.	7.800.000 tonnes.
1875........	16.950.000 »	7.900.000 »
1890........	26.327.000 »	11.356.000 »

Nos industriels payent donc leurs charbons beaucoup plus cher que leurs concurrents plus favorisés, anglais, américains du Nord, belges, allemands de Silésie et de Westphalie.

La question des *transports* réapparaît ici pour la seconde fois.

Nous l'avons rencontrée d'abord au sujet des *primeurs* produites par le Midi et devant s'écouler au Nord. Elle a une importance capitale que nous ne pourrons apprécier entièrement que plus tard.

CHAPITRE II

PERSONNEL

La classe du peuple français qui forme le personnel *dirigeant* de l'industrie, et celle qui constitue le personnel *travailleur* n'a pas sensiblement varié depuis le moyen âge. Nous allons donc en étudier d'abord l'origine et le développement.

Puis, nous retracerons à grands traits l'histoire de l'industrie à travers les temps modernes jusqu'au XIXe siècle.

6

Enfin, nous étudierons en détail l'état *actuel* du personnel de l'industrie en suivant la marche que nous avons employée pour le personnel agricole.

§ 1er. — LE PERSONNEL DE L'INDUSTRIE

Depuis la fin du moyen âge, la classe supérieure, la noblesse française, a délaissé la direction de ses domaines — recevant ses loyers en argent, elle s'accoutume à vivre dans l'oisiveté, préférant les charges de la cour, les grades militaires, les fonctions de la magistrature, les bénéfices ecclésiastiques. Elle considérait le travail comme avilissant. Quittant la direction de la culture, ce n'était pas pour s'occuper de *métiers*. A une époque plus éclairée, on reconnut la nécessité absolue d'encourager certaines industries, notamment les *verriers* ; on prit alors le parti de les ANOBLIR ; les maîtres verriers portaient l'épée !

Jusqu'au XIXe siècle, les préjugés les plus fâcheux ont été nourris par la haute classe à l'égard des arts usuels, et, aujourd'hui comme autrefois, on considère comme étant *hors de l'élite* ceux qui dirigent un atelier ou achètent pour revendre. L'idéal est de vivre « bourgeoisement », comme autrefois on disait « noblement », et arrivé là, on se garde bien de diriger ses enfants vers l'industrie, le commerce ou les arts : ce serait déroger ; ils demeurent oisifs, ou marchent sans goût, sans ardeur pour la plupart, vers les fonctions publiques, les carrières libérales, etc...

Il suffit d'évoquer cette constatation de tous les jours pour sentir toute la gravité d'un mal qui détourne sans profit, les intelligences, les capitaux, immobilisant les forces vives de la race au grand détriment de sa prospérité, de son expansion, de son avenir.

Ce mal n'est pas limité à l'ancienne noblesse ; la haute bourgeoisie, tentée dès son origine par les fonctions publiques, spécialement par les charges de judicature, devenue *noblesse de robe* à prix d'argent, a continué à se complaire dans les mêmes aspirations. Tout ce qui parvient à s'élever au-dessus du petit bourgeois tend à devenir fonctionnaire — ou veut une part dans l'administration et le gouvernement du pays. De là l'accroissement du nombre des charges, qui atteint aujourd'hui 800 mille emplois, au grand détriment de la liberté véritable qu'un tel cadre restreint forcément.

« Le mépris du comptoir et de l'atelier est chez nous un « mal héréditaire : c'est un des préjugés de l'ancienne « société qui lui a survécu. » *(Histoire du Commerce,* t. II, p. 174.)

Nous ne voyons plus comme autrefois « ces dynasties de « marchands, les Arrode, les Papin, les Piz d'Oc de Paris, « les Colomb de Bordeaux, les Pigache de Rouen, qui, tout « en devenant les chefs de la municipalité et les conseillers « du souverain, ne rougissaient pas de continuer leur négoce « et de le transmettre à leurs enfants. » *(L'Ancien Régime,* H. Taine, passim.)

De nos jours, il y a certainement une classe d'*industriels* — mais elle est en voie de formation. Recrutée en grande partie parmi les contre-maîtres et les ingénieurs, n'ayant que peu ou pas de capitaux, elle ne trouve pas chez ceux qui possèdent l'appui matériel qu'elle devrait y rencontrer. Nous concluons donc de cet exposé que « *la classe supérieure dirigeante affecte dans son ensemble un mépris prononcé pour le travail en général, pour les arts usuels en particulier* ».

De là, pénurie dans le personnel dirigeant véritable, atténué seulement dans ses tendances et par le développement du nombre des sociétés anonymes.

L'industrie française se trouve donc alimentée, comme la culture, par une majorité de petites gens, petits capitalistes, ouvriers parvenus, classe moyenne en un mot ; la prépondérance du nombre appartient au personnel ouvrier recruté dans les villes et les campagnes, hors desquelles l'ingratitude du travail agricole les pousse fatalement.

L'histoire de la formation et du développement du personnel est liée intimement à celle de l'*industrie* elle-même ; tel est l'objet du paragraphe suivant.

§ 2. — UN PEU D'HISTOIRE

Dès son origine, notre industrie a été soumise à un régime excessif de restriction et de réglementation : elle n'a, pour ainsi dire, jamais connu la liberté.

Le moyen âge constitua une classe rurale de *tenanciers* qui devint rapidement aisée : elle eut des besoins multiples, et ne laissa plus le soin à la famille de confectionner les objets et ustensiles de ménage, les étoffes et les toiles dont elle avait besoin.

C'est ainsi que naquit l'artisan : puis plusieurs se groupèrent autour de l'église, centre tout indiqué, et formèrent ainsi des bourgs qu'ils érigèrent en communes libres, du XIᵉ au XIVᵉ siècles. Ayant les mêmes intérêts, les fabricants, maîtres de l'administration de leurs villes, en profitèrent dès le début pour réglementer par des chartes municipales les conditions du travail pour autrui.

C'est ainsi que l'on rencontre des documents dont le but est : 1º de limiter la concurrence intérieure entre artisans du même lieu ; 2º d'empêcher l'apport sur le marché des articles fabriqués au dehors, etc...

Il y a lieu de signaler la nature des dispositions au moyen desquelles on essayait d'atteindre le but ; elles montrent bien le moule étroit dans lequel l'industrie fut enfermée *par elle-même*, dès son début.

On interdisait l'ouverture de nouveaux ateliers ; on égalisait le prix de revient de la matière première afin que personne ne fût favorisé à ce point de vue ; on limitait la production en défendant d'ouvrir à la fois plusieurs ateliers ou boutiques ; on réduisait la durée du travail, on interdisait le choix de meilleurs ouvriers ; on proscrivait tout ce qui pouvait mieux achalander une boutique que sa voisine ; on se défiait du perfectionnement et des inventions.

Ce qui domine dans tout cela, c'est un esprit que nous retrouvons encore de nos jours : la jalousie, c'est le mot, d'un certain nombre de fabricants peu actifs, peu intelligents, qui tend à paralyser et empêcher les efforts des concurrents plus intelligents et plus actifs.

Madame Routine était toute puissante !

Plus tard, la population urbaine s'augmentant, le bien-être et les besoins s'accroissant tous les jours, les corps d'artisans suivirent la progression en nombre et en influence.

Alors, les règlements municipaux, dont le caractère général se précise, deviennent insuffisants pour les métiers. Ceux-ci tendent à se protéger eux-mêmes et presque spontanément les *corporations* se forment et s'entourent de barrières infranchissables. *(Les Classes ouvrières avant 1789, t. II.)*

Les corporations. — Nous résumons ici à grands traits les caractères généraux des corporations, en limitant strictement notre examen au point de vue qui nous préoccupe : celui du *personnel de l'industrie.*

Les corporations comprennent trois catégories de membres : les *maîtres*, les *compagnons*, les *apprentis.*

Les maîtres : ils sont en nombre limité dans chaque corporation ; on impose pour leur admission la confection d'un travail difficile appelé *chef-d'œuvre ;* ils doivent payer un lourd droit d'entrée et des frais de réception parfois considérables : on a maints exemples de corporations dans lesquelles les *fils de maîtres* seuls sont admis à briguer les places vacantes.

Les compagnons : ils sont, comme les maîtres, en nombre

limité pour chaque corporation, qui fixe elle-même ce nombre *ad libitum* ; ils ne peuvent travailler que *chez* un maître
ou *pour le compte* de celui-ci, quand le travail se prête à
l'exécution en chambre ; ils sont étroitement soumis au patron et ne peuvent le quitter sans son autorisation ; enfin, la
maîtrise leur est fermée, sauf de très rares exceptions. Leur
vie est sans avenir.

Les apprentis sont soumis à un apprentissage d'une durée
exagérée, jamais inférieure à trois ans ; la moyenne est de
six à huit ans, et l'on a des exemples d'apprentissage durant
dix et même douze ans. Le compagnon chargé de l'apprenti
est souvent plus dur pour lui que le maître, — et voyant un
concurrent dans le futur ouvrier, il met parfois une grande
mauvaise volonté à son enseignement. (*Les Corporations*, —
Smith.)

« L'*égoïsme*, dit M. Levasseur, dans son ouvrage *Les
« Classes ouvrières avant 1789*, est un des vices dominants
« de la corporation. Les artisans qui s'associaient pour se
« protéger contre la violence, devenaient à leur tour violents
« et injustes... Triste organisation, qui, constituant l'indus-
« trie en monopole, étouffait toute activité intellectuelle par
« l'égoïsme et la jalousie.

« L'esprit de *routine* était encore un des vices de la corpo-
« ration. »

L'administration centrale, d'abord effrayée de la puissance
des corporations, entama, dès le xive siècle, la lutte contre
elles, sans grand succès d'ailleurs.

Au xvie siècle, la situation change, l'intérêt personnel tend
à briser le moule trop étroit, l'initiative se fait jour, la diffusion de l'imprimerie élève les esprits aux idées générales,
les corporations se sentant menacées font appel à l'État pour
soutenir leur action.

Leur voix fut rapidement entendue et du xvie au xviiie siècles l'administration mit un zèle inusité à réglementer à son tour et devint l'arbitre du mouvement industriel.

Il résulta de ceci : « Que le Gouvernement s'imposa le rôle « étrange de rédacteur et d'éditeur universel de manuels à « l'usage de tous les métiers... Il a la prétention d'imposer à « tout le royaume un type idéal de fabrication et il faut une « ordonnance royale pour diminuer d'un pouce carré la « dimension du mouchoir de poche !... » (*Histoire du Commerce*, Pigeonneau.)

Dû principalement à Colbert, cet esprit eut les conséquences les plus fâcheuses pour notre industrie, qui n'échappa aux corporations que pour retomber sous la férule administrative.

Heureusement, à notre point de vue, certaines circonstances extérieures vinrent améliorer la situation de l'industrie, mais sans que le pouvoir central en eût conscience.

Par besoin d'argent et par politique aussi contre les partis, on multiplia les licences acquises à prix d'argent ; les ateliers s'ouvrirent plus nombreux, ce qui maintint la concurrence. Malgré le fisc et les règlements, l'industrie montrait une certaine activité de fabrication à la fin du xviiie siècle.

Mais, c'était peu, en comparaison de ce qu'elle eût pu faire dans d'autres conditions : nous avons comme exemple l'Angleterre.

.
. .

1789 vint modifier du tout au tout la situation : plus de corporations, de jurandes, de maîtrises, de règlements vexatoires de fabrication. Le champ était libre à l'initiative individuelle, mais la race y prêtait médiocrement et elle resta bien longtemps engourdie.

Aujourd'hui encore un innovateur est l'objet de suspicions et de méfiances qui rendent périlleuse toute création.

Nous devons dire que l'ingérence administrative a pris une

forme régulière, mais qu'elle existe de nouveau à un haut
degré. Comptant près de huit cent mille employés de tout
ordre, notre nation ne peut être considérée comme très libre
de ses mouvements, l'industrie agit peu par elle-même et
sous la forme de *lois* d'ordre général, la réglementation a
reparu et tend à s'accroître chaque jour ; certains règlements sont justifiés par la nécessité, mais d'autres ont un
caractère exclusivement politique qui devient de l'arbitraire
au point de vue des entraves qu'ils apportent au développement et même à la marche normale de l'industrie.

De plus, certains employés de l'État appliquent avec plus
ou moins de largeur et de hauteur de vue les règlements
qu'ils ont entre les mains. Pour ne citer qu'un exemple (1)
entre mille, que penser de ces receveurs de l'enregistrement
qui dressent eux-mêmes des procès-verbaux vexatoires
pour une affiche ou un tableau trouvé dans une auberge,
perdue dans la campagne et qui s'y trouve placé par
hasard, remis par un voyageur, gracieuseté à un compagnon de route parfois, et constitue une contravention à la
loi sur l'affichage du 9 vendémiaire an VI, art. 56, etc., etc...
Des lois qui bien que modifiées sont absolument surannées.

Notre législation actuelle est trop connue pour que nous en
disions davantage.

§ 3. — LE PERSONNEL ACTUEL

Nous avons dit quel était l'esprit des classes supérieures
en France par la fortune et l'instruction délaissant l'*industrie* et l'*agriculture ;* nous avons constaté une mauvaise
situation au point de vue du personnel dirigeant, situation
souvent hérissée de difficultés pour la classe moyenne qui
forme *le monde industriel.*

Nous allons, dans ce paragraphe, examiner l'état actuel de

(1) Nous avons en mains de nombreuses preuves de ces applications abusi-
ves de la loi.

l'ouvrier, puis nous analyserons l'influence de la législation française, tant sur le *patron* que sur le *travailleur*.

Depuis 1789, l'ouvrier est libre : il n'est plus attaché à l'atelier par des règlements draconiens ; il discute librement les conditions de son travail ; l'entrée de toutes les usines lui est ouverte. Il peut s'allier, s'entendre avec ses compagnons, organiser même la lutte ouverte contre le patron, si son intérêt l'y oblige.

Les salaires sont partout à un taux plus élevé que jadis et le prix des denrées de consommation n'a pas cru dans les mêmes proportions. Les secours publics sont larges, abondants, plus efficaces ; les sociétés privées largement protégées et bien dotées leur apportent un concours précieux.

La dignité du travailleur est sauvegardée avec un soin presque jaloux. L'ouvrier a *droit* à l'assistance qui n'est ni une aumône ni un secours, puisque lui-même a contribué par le paiement de sa côte-part dans la *société privée*, par l'acquit de ses charges publiques de citoyen (*impôts directs et indirects, octrois*, etc.) à la constitution des capitaux dont une partie lui est attribuée pour lui permettre de combattre le chômage et la maladie.

Le travail est actif et s'offre, en général, supérieur à la demande ; nous ne parlons, bien entendu, que des *ouvriers de métier* sachant travailler et non des politiciens, déserteurs paresseux de l'usine et de l'atelier, rouleurs faisant profession de mendiants.

Les moyens d'instruction théorique et technique sont nombreux ; on les multiplie tous les jours en s'efforçant de les rendre accessibles à tous, et on les encourage par tous les moyens possibles, — dans ce sens, l'effort est considérable.

L'État, les villes, les communes, les groupes corporatifs, les chambres syndicales, les particuliers philanthropes ou les travailleurs enrichis, rivalisent en quelque sorte à ces divers points de vue.

En résumé, la condition sociale de l'ouvrier est bonne, et, si les difficultés de la lutte, son âpreté, les entraves de tout genre, n'avaient pas grandi, en même temps que tous les avantages qu'on vient d'énumérer, il est incontestable que les classes laborieuses auraient acquis la légitime aisance que doit leur procurer le travail quotidien.

Quels sont les motifs puissants, les causes inéluctables de la disproportion que nous constatons entre le *progrès* des moyens de formation et de développement du personnel ouvrier et l'*amélioration* générale de son état qui *aurait dû* en être la conséquence?

Quatre causes principales sautent aux yeux de l'observateur attentif, qui, toutes, quoique ayant une origine différente, tendent à diminuer la valeur technique de l'artisan :

1° *La décadence de l'apprentissage manuel.* — Elle est due dans beaucoup de cas à l'ouvrier lui-même qui refuse de faire des apprentis pour restreindre le nombre de bras pouvant lui faire concurrence ; elle nous semble due, pour une grande part, à une fausse compréhension pour l'apprenti du véritable usage qu'il doit faire de l'*instruction théorique* qu'on lui donne. Se sentant mieux outillé à ce point de vue, il néglige l'apprentissage manuel, n'y apporte qu'une attention médiocre et quand il s'aperçoit de son infériorité comme praticien, il est souvent trop tard pour réparer le temps perdu ;

2° *La faible durée de l'apprentissage.* — Par une réaction trop vive, on a réduit jusqu'à l'exagération la durée de l'apprentissage, — on forme des ouvriers moins parfaits, ce qui amène une diminution dans la production et dans la qualité de celle-ci.

Les parents sont souvent la cause de cette perturbation à une époque importante entre toutes dans la vie de l'ouvrier :

se sentant peu liés par le contrat d'apprentissage, qui n'a aucune sanction pratique effective, les parents reprennent souvent les enfants avant la fin de leur engagement pour en tirer parti plus vite ;

3º Le *drainage* des sujets les plus instruits pour leur âge, les plus intelligents, les mieux doués souvent au point de vue des dispositions physiques par certaines administrations privées ou publiques, les banques, les grands magasins, les télégraphes, etc., etc. ;

4º *Le service militaire.* — Il s'empare de l'ouvrier au moment où, devenant adulte, son intelligence prend son essor, sa main s'affermit, sa réflexion s'aiguise, la période de 20 à 23 ou 25 ans est la plus importante pour l'artisan. Or, ce sont ces années que lui enlève le régiment ; la main se gâte, l'œil perd son habitude, l'expérience acquise s'en va, et les mieux doués ne recouvrent pas toujours leurs qualités au même degré.

Tous les professionnels sont unanimes sur ce point, M. Le Blanc, dans son *Rapport au Conseil supérieur du Commerce* (1890) résume ainsi les documents qu'il a recueillis : « Lorsque l'ouvrier revient du service militaire, dit-il, il a « perdu la plupart de ses qualités professionnelles, et l'expé- « rience a prouvé qu'il les recouvre très difficilement et « jamais au point d'un ouvrier qui n'a jamais quitté l'ate- « lier. »

Il résulte de toutes ces causes et d'autres moins générales que la *main-d'œuvre* française, dans son ensemble, présente une infériorité dans les travaux délicats et rapides à la fois.

L'influence, pour une industrie déterminée, est d'autant plus sensible, que dans celle-ci la main-d'œuvre représente une portion plus importante du prix de revient.

Nous ne citerons qu'un seul chiffre, parce qu'il est la conséquence de documents nombreux ayant les origines les plus diverses ; alors qu'en Irlande 35 ou 40 ouvriers suffi-

sent pour conduire 1,000 broches filant le lin, numéros
moyens, il en faut en France 50 à 55 pour faire le même travail. Certains numéros extrafins ne peuvent être obtenus que
par des ouvriers anglais.

*.

A côté des influences antérieures, indépendantes de l'ouvrier, auxquelles il ne peut se soustraire par sa propre volonté, viennent se placer des faits complètement différents et
qui seraient faciles à éviter ou à corriger si l'ouvrier le voulait
bien.

L'origine communautaire de la race, l'influence de l'organisation à laquelle était encore soumise la dernière génération avant la nôtre, ont laissé des traces profondes qu'il conviendrait d'effacer au plus vite.

Le travailleur tend trop à se maintenir lui-même dans une
position subordonnée pour le milieu dans lequel il se meut :
comptant plus sur les interventions collectives que sur ses
propres efforts, il n'a pour ainsi dire pas d'initiative individuelle ou, du moins, ce cas est l'exception. Or, cet esprit est
néfaste pour l'avenir du travail et doit être combattu énergi-
quement.

Il y a une sorte de respect humain mal compris à ne pas
se signaler par un amour tout particulier de son art ou de
son métier, se traduisant par un effort *personnel* de tous les
instants pendant la période active de l'âge. Dans les milieux
ouvriers, ceux qui ne comptent que sur une conduite irréprochable, un labeur soutenu, une supériorité professionnelle
effective, sont traités d'ambitieux. Aveuglement, dira-t-on ;
oui, mais aveuglement néfaste, car il a pour conséquence
l'état de malaise général dans lequel nous nous débattons
sans succès depuis vingt ans !

Nous ne citerons ici qu'un seul exemple, parce qu'il a un
tel caractère de généralité qu'il ne saurait être plus frappant !

Le mineur français, pris dans son ensemble, est celui de tous les ouvriers qui présente au plus haut degré ce caractère d'*action collective* contre lequel nous nous élevons. Or, personne ne niera les qualités de vigueur, d'activité, d'intelligence même des travailleurs de toutes les régions de la France ; à tous ces points de vue, il n'est *inférieur à aucun autre*. Eh bien ! sa production est *au-dessous* de celle du mineur anglais (qui, lui, est individualiste de race) de plus de 20 %. Quelle amélioration matérielle ne donnerait pas à cet artisan une augmentation de sa production !

En 1890, des statistiques fort nombreuses, s'étendant sur une longue période, furent dressées avec grand soin tant en France qu'en Angleterre. Les documents réunis, tant par le Board of Trade que par le Ministère des travaux publics, furent dépouillés et comparés et le résultat fut porté à la tribune de la Chambre au moment d'une discussion législative concernant les mineurs. On connaît nos théories relativement aux statistiques chiffrées, nous ne leur accordons donc que la valeur d'une *indication*, mais dans le cas actuel, celle-ci est tellement éloquente qu'il suffit de la citer :

Alors que le *mineur anglais* produit une moyenne de *430* tonnes de houille par an, le *mineur français* atteint à peine, en moyenne annuelle, **316** tonnes ! Je n'insiste pas.

La construction mécanique nous donne de même une indication importante : alors qu'un atelier français, dans des conditions moyennes à tous égards, n'obtient de ses ouvriers qu'une production annuelle de 4,000 francs, l'Américain des Massachunets atteint 9,000 francs.

Des causes multiples interviennent, nous le savons ; mais, ce qui est indiscutable, c'est l'infériorité de la *production ouvrière française* à l'égard de ses deux concurrents industriels les plus redoutables : l'Anglais et l'Américain.

Nous terminerons cet examen du personnel ouvrier proprement dit, par une *constatation* qui explique dans une certaine mesure comment il se fait que le milieu travailleur industriel, avec tous les avantages signalés plus haut, ne soit pas dans une situation économique *meilleure*.

L'esprit d'*économie* n'existe pour ainsi dire pas dans cette classe sociale ; le fait est d'autant plus important qu'il diffère davantage de ce que nous avons rencontré dans la classe rurale, qui est la mère des ouvriers. Dans celle-ci, l'avarice poussée jusqu'à la sordidité, est la règle.

Dans son ouvrage très documenté : *Le Charpentier de Paris*, p. 126, M. du Maroussem cite l'exemple d'un ouvrier parisien, presque un contre-maître, un homme éclairé par conséquent, qui, avec un salaire annuel de 3,400 francs, une famille composée du père, de la mère et deux enfants, *n'avait pas un sou d'économie!*

Or, ils sont légion ceux qui se trouvent agir de même. — Quelle prise la maladie, un chômage restreint, n'ont-ils pas sur un pareil état de choses?

Malheureusement, il n'est que trop général.

A notre conclusion partielle concernant le personnel supérieur de l'industrie :

« *Mépris prononcé et délaissement de la classe supé-*
« *rieure dirigeante, pour le travail en général et pour les*
« *arts usuels en particulier* »,

nous ajouterons pour le personnel ouvrier :

« *Déformation de la classe ouvrière par la vie urbaine,*
« *les tendances de reformation communautaire, la déca-*
« *dence de l'apprentissage, le service militaire, l'exagéra-*
« *tion de la politique ; d'où résulte la cherté consécutive*
« *de la main-d'œuvre et l'infériorité de la production.* »

Au point de vue *social* et *moral*, nous disons :

« *Absence presque complète de l'esprit d'économie.* »

CHAPITRE III

LE CAPITAL

Nous réunissons dans ce chapitre ce qui est relatif tant à *l'outillage* industriel qu'au *capital* proprement dit.

Outillage. — La fabrication mécanique s'est développée en France tard et lentement ; la machine-outil fonctionnait activement depuis un demi-siècle en Angleterre, que notre pays commençait à peine à s'en servir.

Longtemps, la fabrication collective a seule existé ; — elle persiste encore, bien que l'usine tienne aujourd'hui la première place.

Dans la fabrication collective, un artisan établi dans un faubourg ou dans la campagne travaille à la main ou avec un matériel rudimentaire, les matières fournies par un patron qui recueille le produit fabriqué.

Avantageuse au point de vue social, conforme aux tendances communautaires de la race, cette organisation est inférieure au point de vue économique : elle produit moins bien, moins vite et à plus haut prix que l'atelier mécanique.

Elle ne doit subsister que pour les produits où le *travail à façon* est indispensable : tous sont de luxe.

Pour les mines, la fabrication indigène de l'outillage est restée longtemps inférieure à celle de l'Angleterre ; encore aujourd'hui, tout ce qui touche à l'industrie textile vient d'outre-Manche ou à peu près.

On achète aussi en Belgique, en Allemagne, et ce fait entraîne une charge notable des frais de premier établissement, sans compter l'or qui s'en va ainsi au dehors.

A un autre point de vue, notre industrie est moins spécialiste et moins concentrée que ses concurrents : en Angleterre, notamment, les manufactures accumulent les moyens d'action pour fabriquer en grand nombre des produits peu variés et de vente courante.

En France, au contraire, les usines montées sur un pied plus faible n'ayant pas le même mode d'écoulement, comme nous le verrons dans la chapitre consacré au Commerce, sont amenées à varier beaucoup leur production pour trouver une clientèle suffisamment étendue. De là résulte une grande complication de l'administration, des matières premières, des objets fabriqués, des frais généraux élevés.

En résumé, l'outillage français, en tendance d'amélioration, est *faible*.

Capital. — *L'argent* est abondant en France : le capital existe donc dans le pays même, et son prix n'est pas élevé ; mais il ne se porte qu'avec hésitation vers les emplois industriels.

M. de Laveleye, dans le *Moniteur des intérêts matériels*, donne le tableau suivant des émissions faites en 1891 par les chemins de fer et les sociétés industrielles :

Angleterre	1.017	millions.
États-Unis........................	323	»
France............................	301	»
Allemagne........................	243	»

En ce qui concerne la France, nous ferons observer que la plupart des chemins de fer ayant la *garantie* de l'État ou des départements représentent plutôt un placement de tout repos qu'un emploi industriel.

Nous n'avons pas sous la main, en ce moment, un résumé annuel purement industriel. Cette lacune dans les documents financiers prouve l'absence REGRETTABLE *de travaux dans l'ordre d'idées qui nous préoccupe. (Ce délaissement est absolument regrettable et funeste !)*

Un grand nombre de Français riches vivent totalement en dehors des affaires par mode ; ils n'y connaissent rien et affectent d'en redouter l'aléa.

Les industriels eux-mêmes, quand ils sont retirés de la vie active, recherchent les placements de tout repos.

Le *Marché financier* de 1891 dit textuellement : « Le « rentier français n'aime, en temps ordinaire, ni les valeurs « industrielles, ni les actions de banque : il préfère les fonds « d'État et les obligations. »

Lors de l'enquête faite en 1890, en vue du remaniement du tarif douanier, la Chambre de commerce de Saint-Quentin fut amenée à étudier cette question du *capital industriel*, et voici ce qu'elle dit à ce sujet :

« Il est impossible de ne pas reconnaître que l'Angleterre « jouit de l'avantage considérable que lui donne sur nous la « facilité avec laquelle ses capitalistes tournent les yeux vers « l'industrie et forment d'énormes associations se contentant « souvent d'un intérêt fort modique, 4 à 5 %..... tandis « qu'en France *il est rare de voir les capitalistes offrir* « *leurs fonds à l'industrie* et chaque industriel se voit forcé « de marcher en petit, réduit à ses propres ressources. »

On reconnaît bien les inconvénients de cet esprit particulier du capitaliste français de toutes les classes sociales ; le principal est la *stagnation* des fortunes qui sera prochainement suivie de leur *décroissance* impossible à enrayer.

« Il semble, dit M. P. Leroy-Beaulieu, que les fortunes de « la classe moyenne et de la classe opulente sont restées au « moins stationnaires pendant les dix ou douze dernières « années.....

« ..... Telle est la suite des mœurs établies chez nous ; le « délaissement des métiers usuels par la classe aisée, son « éloignement de tout placement industriel..... »

Nous voyons quelles difficultés entravent la constitution du *capital industriel ;* nous allons examiner maintenant

7

dans quelles conditions la législation actuelle place celui qui est parvenu à en réunir un et à marcher avec un gain assuré.

Tout d'abord, les charges publiques sont écrasantes; nous avons donné le chiffre en gros à propos de l'agriculture : la production totale étant inférieure à 40 milliards, les charges publiques dépassent 4 milliards: M. C. Pelletan affirme que notre fisc est plus élevé que celui de tous nos voisins, — cela est difficile à établir avec une exactitude rigoureuse; mais voici quelques chiffres qui rendront tangible l'*accroissement* de ces charges pendant les quarante dernières années, — c'est-à-dire pendant l'existence de la génération précédente et le début de la nôtre. Ce sera en quelque sorte l'*échelle des difficultés* que nous avons à vaincre actuellement pour nous retrouver à peine dans les conditions où étaient nos pères à la même époque de leur existence.

La population de la France, en 1838, était de 34 millions d'habitants ; en 1891, elle était de 38,300,000, c'est-à-dire en *augmentation* de 11 %.

Or, les charges publiques ont suivi la progression suivante pour les *quatre contributions directes seulement*, on trouve :

	Parts de l'État.	Du départ.	Des comm.
1838.................	293 millions.	61 millions.	33 millions.
1850.................	301 »	82 »	49 »
1870.................	345 »	136 »	105 »
1891.................	450 »	170 »	187 »
Augmentation de 1838 à 1891....	53 %	188 %	467 % !

Ces chiffres se passent de tout commentaire !

Que dira-t-on du coût des divers services administratifs : la poste, les télégraphes, les frais de justice, les actes publics ?

En Angleterre, en Belgique, en Allemagne et aux États-Unis, *nos vrais concurrents industriels*, ces frais sont beaucoup moins élevés, en Angleterre surtout.

D'autres causes viennent peser lourdement sur l'industrie
en France ; nous passerons rapidement en revue les principales :

L'obligation du partage égal, si préjudiciable à l'agriculture, n'est pas plus favorable à l'industrie ; elle est une
cause grave d'instabilité pour les entreprises industrielles,
elle amène des liquidations fâcheuses, des ventes qui annu-
lent les efforts antérieurs et dispersent les capitaux en les
amoindrissant.

La société anonyme tend de plus en plus à se substituer à
la *direction unique,* et ce fait complique singulièrement les
questions ouvrières en diminuant d'autre part les chances du
succès.

La constitution de la dot des filles oblige le capitaliste à
conserver un portefeuille facilement réalisable et l'industriel
ne peut consacrer à son affaire en amélioration ou augmentation qu'une minime partie de ses bénéfices.

Mais, il existe encore ici un *esprit fâcheux,* qui a une
importance très grande au point de vue actuel : *l'industriel
français veut faire fortune en quelques années ;* il doit
monter une affaire, en tirer tout ce qu'elle peut donner et la
réaliser ou la démembrer pendant sa courte existence. Chez
nos voisins, au contraire, l'*esprit public* est que le père de
famille commence une affaire « que les générations futures
« ont le soin de continuer, d'agrandir et d'améliorer ». (*La
Science sociale,* Cacheux, t. III, p. 83.)

On s'est aperçu, depuis trente ans, de cet *esprit* — et, sans
la guerre de 1870, les efforts déjà commencés eussent peut-
être abouti — en raison de leur importance fondamentale
pour notre industrie, il serait à désirer que des hommes émi-
nents reprissent les tentatives anciennes pour s'efforcer d'appeler un revirement dans les idées publiques.

Nous lisons dans une pétition datant de 1805 : « Tandis
« que l'Angleterre..... voit grandir et se perpétuer chez elle

« des établissements industriels et commerciaux, *chez nous,*
« *rarement l'œuvre du père est continuée par le fils.* »

La perpétuité de l'entreprise a des avantages énormes :
direction plus éclairée, mieux suivie, plus expérimentée ;
développement plus lent, mais régulier et sûr ; outillage
plus parfait, parce que les périodes d'amortissement étant
plus longues on recule moins devant les frais, etc., etc...

Au point de vue du capital, si la France est supérieure à
l'Allemagne, elle est *bien inférieure* à l'Angleterre, à la
Belgique et aux États-Unis.

CHAPITRE IV

LA PRODUCTION INDUSTRIELLE

Nous allons étudier quel est le caractère de la *production
industrielle française,* ce qui nous conduira tout naturellement à la définition simultanée de la *concurrence étrangère,*
tant au point de vue du producteur qu'à celui du consommateur.

On peut diviser les produits fabriqués en deux grandes
catégories, selon la classe sociale à l'usage de laquelle ils
sont destinés :

1° *Les produits communs de consommation courante ;*

2° *Les produits soignés dits* de luxe.

Les produits communs sont d'un prix peu élevé : l'industrie qui les établit ne peut le faire avec succès que si elle a à
bon compte les trois éléments essentiels : la matière première, l'outillage, la main-d'œuvre.

Or, nous avons constaté, à chacun de ces trois points de
vue, l'infériorité indiscutable de la France. Le combustible et
la matière première sont achetés à un prix élevé ; l'outillage

et le capital sont trop restreints pour obtenir des frais généraux peu élevés ; la main-d'œuvre ouvrière est chère et d'un
rendement inférieur même plutôt que passable.

Il n'est pas étonnant, dans ces conditions, que pour les
articles courants : machines communes, tissus, mercerie,
quincaillerie, horlogerie, verrerie, faïences, porcelaines,
coutellerie, etc., les prix de vente des maisons anglaises,
belges, suisses et même américaines, soient inférieurs aux
nôtres, sauf quelques rares exceptions.

Certes, il y a une supériorité notable du produit indigène
sur son concurrent étranger, mais la mode l'emporte sur
toute autre considération et, le bon marché aidant, même en
connaissance de cause, l'acheteur n'hésite pas.

Que dirons-nous de la concurrence allemande qui, systé-
matiquement autant que par nécessité propre, ne produit que
l'imitation, la pacotille, la contrefaçon même, puisqu'elle
revêt ses articles de marques françaises où domine la déno-
mination *articles de Paris ?*

La *création* d'objets où le bon goût s'allie aux autres qualités est la caractéristique du génie industriel français : dès
qu'un article a *paru*, il est copié, imité, falsifié par nos
concurrents qui arrivent ainsi à un prix de vente parfois
inférieur de 50 % à celui de l'objet français. L'article de
bazar est le type du genre, et les bazars, si nombreux en
France et si achalandés, vendent en très grande partie les
articles allemands.

Notre industrie commune lutte fort difficilement avec ses
voisins anglais, belges, allemands, suisses et avec l'Amérique.

Ouvrons une parenthèse pour revenir, après trois ou quatre constatations analogues, sur l'importance primordiale de
la question des *transports* en France.

Cet élément, qui devrait protéger l'industrie nationale d'une
manière toute naturelle par son existence même, semble au

contraire être un obstacle à l'obtention d'un bas prix de
revient, puisque non-seulement nos concurrents du continent
consentent des conditions contre lesquelles on ne peut lutter,
mais les Américains eux-mêmes ayant un transport qui
s'étend sur un double parcours par terre et une longue distance par eau, parviennent encore à amener sur nos marchés
à plus bas prix que nous.

.·.

Les *produits de luxe* ont d'autres exigences et l'industrie
qui les fabrique se trouve aux prises avec les difficultés suivantes :

Il lui faut un personnel de longue préparation, une tradition séculaire ayant formé une classe d'artistes, des patrons et
ouvriers ayant acquis par la force du milieu un goût délicat,
une instruction technique développée, une habileté de main
exceptionnelle. Quand toutes ces conditions sont remplies,
quand les capitaux nécessaires existent, l'écoulement ne
trouve à se faire que dans la classe opulente. Les besoins de
celle-ci sont « sujets aux caprices de la mode ; ne vivant
pas de besoins réels », elles sont guidées par la fantaisie qui
change du jour au lendemain.

« Les industries de luxe souffrent donc et périclitent dès
« que, par suite d'une crise, le consommateur est obligé de
« faire des économies. » (*La France et la concurrence -
étrangère*, 1884, Thierry-Mieg.)

Mais, objectera-t-on, le goût du luxe s'est incontestable-
ment répandu à toutes les classes de la société? Oui, trop loin
même ; mais les classes moyennes et inférieures, obligées
de s'en tenir à l'*imitation*, discernant mal ou pas du tout
celle-ci du *vrai*, vont précisément grossir le flot des acheteurs de produits *imités* par les étrangers qui, ne pouvant
créer, s'emparent de nos modèles et les reproduisent à bas
prix en les contrefaisant.

Les classes élevées même se laissent prendre à cet appât du *changement* de la nouveauté : on préfère payer moins cher et ne pas avoir l'article soigné à garder longtemps.

« Malheureusement, dit M. Robert-Desgaches, président
« de la Chambre syndicale de la ganterie de Paris, le goût
« du beau en toutes choses s'amoindrit chaque jour : on re
« cherche les *objets à bon marché*. »

Naturellement, la fabrication s'efforce de suivre le goût du jour, mais le genre convient mal à nos industriels, patrons et ouvriers. Formée par une longue tradition, l'industrie française se spécialise dans le soin, le sens artistique, le bon goût, le fini, la perfection en un mot ; nos industriels apportent tout cela dans la préparation même de l'article à bon marché !

Des *imitateurs* de profession trouvent là une source inépuisable de *modèles pour des produits* qui n'ont d'autre mérite que l'*apparence*, mais dont le prix est bien inférieur !

La Chambre de commerce de Reims disait dès 1873, dans son rapport sur l'exposition de Vienne : « Nos collègues
« étrangers ont été frappés de la façon irréprochable que
« nous donnons à notre tissage mécanique *dans toutes les*
« *sortes.* »

D'autre part, l'extension de la consommation se fait sentir, surtout dans les basses qualités : « Le prix moyen des étoffes
« de Lyon qui était, il y a quarante ans, de 10 à 12 francs le
« mètre, est actuellement de 3 fr. 50 à 4 francs le mètre pour
« les étoffes de soie pure et de 2 fr. 75 à 3 francs le mètre
« pour les tissus mélangés. » (Permezel, *Rapport au Conseil supérieur du commerce*, 1890.)

Nous ne multiplierons pas les exemples ; nous dirons seulement que la tendance actuelle de toutes les classes françaises est dans le bon marché, au grand détriment de l'industrie nationale qui, ne pouvant produire que *beau* et *bien*, n'obtient ses articles qu'à un prix de revient plus élevé.

Conclusion. — Beaucoup de nos industries sont incapables de se maintenir, même sur le marché intérieur, en présence du bon marché obtenu et de l'activité déployée par les fabricants de certains pays.

Parmi les causes multiples de faiblesse de la fabrication française, la *principale*, celle dont découlent toutes les autres, est la formation défectueuse de la race et la *perversion*, si j'ose m'exprimer ainsi, de l'esprit public dans toutes les classes.

Avec un incurable penchant à compter sur une collectivité quelconque, et spécialement sur l'État, pour organiser et défendre des intérêts qui, par leur essence même, sont *individuels*, le Français est certainement inférieur à l'Anglo-Saxon, au Belge, à l'Allemand du Nord qui, sur le terrain industriel, montrent une aptitude bien autrement développée à l'action personnelle et directe. (Poinsard, *Libre-Échange et Protection.*)

Qui, à part les industriels de race, au premier rang desquels figuraient les Alsaciens, a jamais soulevé ces questions ?

Qui détient l'instrument de vulgarisation par excellence, la Presse ?

Des politiciens exploitant dans l'ensemble les passions politiques des diverses classes sociales et dont l'intérêt est tout l'opposé de la sage réforme qu'il faudrait prêcher pour transformer l'esprit public.

LES TRANSPORTS

Cette question, primordiale pour notre région, devrait être étudiée en détail.

Voici quelques rapides indications que je donne en faisant toutes réserves sur leur importance relative :

Les tarifs de transport *doivent favoriser :*

Le mouvement des primeurs à l'intérieur et vers la frontière d'exportation ;

Le mouvement des engrais à l'intérieur ;

Le mouvement des charbons, pétrole (venant du dehors pour celui-ci) et les matières premières de l'industrie ;

Le mouvement des vins à l'intérieur et vers le dehors, etc., etc...

Ils doivent, au contraire, être *soutenus :*

Contre l'importation des produits agricoles, dans certaine limite ;

Contre les produits industriels, en pièces ou montés, venant de l'étranger, etc...

TROISIÈME PARTIE

LE COMMERCE

Deux modes d'écoulement de la production s'offrent au fabricant et à l'industriel :

1° La vente *directe* au consommateur ou au détaillant ;

2° La vente à l'*intermédiaire* ou commissionnaire en marchandises.

En France, la coutume est de donner la préférence presque exclusive au second mode, bien qu'il présente des inconvénients nombreux qu'il est facile d'apercevoir.

Le commissionnaire qui achète du fabricant vend lui-même soit à un autre commissionnaire étranger, soit au marchand en gros ou en demi-gros ; tous ces intermédiaires ont des courtiers qui vont à la recherche du client et prélèvent un bénéfice qui augmente d'autant le prix de vente définitif : le consommateur paye donc plus cher que s'il achetait directement, c'est incontestable.

Or, une expérience indiscutable a prouvé que plus le prix de vente est modéré, plus la consommation est grande ; la multiplicité des intermédiaires est donc une première cause de ralentissement des affaires ; nous allons voir que, pour être moins apparentes, d'autres causes nombreuses de difficultés pour l'industriel et le producteur sont la conséquence de l'emploi du commissionnaire.

Tout d'abord, l'excès des intermédiaires est tellement frappant en France, que l'*Économiste français* du 5 juillet 1884 remarquait, sous la signature de M. Paul Leroy-Beaulieu, qu'il « y a en France près de 1,900,000 personnes « adonnées au petit commerce, bien que, en Allemagne, où « la population est de 20 % plus nombreuse, on n'en rencon- « tre qu'à peine 1,800,000. »

Le chiffre annuel des patentés va en croissant constamment ; et bien qu'une partie non négligeable échappe aux recouvrements, on trouve encore :

En 1859...................... 1.438.000 patentes.
En 1869...................... 1.481.500   »
En 1879...................... 1.641.000   »
En 1891...................... 1.674.000   »

L'augmentation est de 16 % en 30 ans, et nous avons perdu l'Alsace et la Lorraine !

Les petits détaillants s'efforcent de compenser le faible chiffre de leurs affaires par la hausse des prix, la pratique de la fausse mesure, ou l'adultération des produits.

Malgré tous ces inconvénients, le public accepte cette façon de procéder, parce que les commerçants qui la mettent en œuvre pratiquent la *vente à crédit*, fort goûtée des gens dépourvus d'avances et d'économie.

Disons tout de suite qu'une double réaction s'est produite en donnant une extension considérable :

Aux grands magasins,

Aux sociétés coopératives de consommation.

Les grands magasins, tout en prélevant de beaux bénéfices, peuvent fournir *meilleur* et *moins cher* que le petit
détaillant, grâce à l'habitude stricte de la vente au comptant.

Quant aux sociétés coopératives, elles ne prennent pas tout
le développement qu'elles acquerraient dans un milieu où
l'énergie et l'initiative individuelles seraient plus intenses.

Ce que nous disons pour le commerce national s'applique
également au commerce international : les inconvénients
sont les mêmes.

Par habitude, le fabricant français évite de s'adresser
directement au consommateur, ou même au détaillant de tel
ou tel pays étranger, il se met ainsi à la merci du commissionnaire qui, en retour de quelques avantages :

Pas de déplacement pour la vente ;

Sûreté presque complète des affaires ;

Court crédit après livraison, etc., etc.,
dicte de dures conditions au fabricant.

Il *démarque* les marchandises pour empêcher tout rapport
direct et met ainsi le producteur sous sa dépendance absolue ;

Il *exige* des prix très bas et les impose au besoin en portant sa commande ailleurs ;

Il *s'attache* à étendre ses affaires et place dans ce but, de
préférence, des articles faciles à vendre en nombre, délaissant les articles de choix qui donnent un bénéfice plus élevé
au fabricant ;

Il *allèche* les acheteurs par de beaux et bons produits qu'il
remplace bientôt par une imitation moins coûteuse qu'il vend
au même prix ;

Il *est le plus souvent* étranger, anglais et surtout allemand,
et favorise naturellement ses compatriotes. La France a peu
de représentants commerciaux à l'étranger : pour conserver la

réserve que nous nous sommes imposée en fait de citations, nous dirons seulement que le *Courrier des États-Unis* de 1891 signale le grand nombre de maisons anglaises et allemandes que l'on rencontre au Nouveau-Monde et ajoute : « On se « demande avec tristesse si nous ne nous sommes pas encore « rendu compte des prodigieuses ressources des États-Unis, « ou bien si nous désertons la lutte. La surprise est grande « lorsqu'on s'aperçoit que les Anglais, les Allemands et « autres ont charge presque exclusive, comme consignatai- « res, d'écouler nos produits.

« Sommes-nous donc incapables de vendre nous-mêmes « les produits que nous fabriquons si bien ? »

En 1890, la Chambre syndicale de la ganterie de Grenoble publia un rapport de M. Roudat, son président dont voici l'analyse au point de vue qui nous occupe : « Sauf de « rares exceptions, les fabricants de gants se servaient d'in- « termédiaires pour l'écoulement de leurs produits. Des com- « missionnaires anglais surtout, achetaient des gants en « France et les revendaient aux détaillants ; ils arrivaient « au consommateur munis d'une *marque anglaise!* Cet état « de choses aurait vite ruiné la ganterie, si divers fabricants « n'avaient pris une autre voie ; s'inspirant de quelques « anciennes maisons ayant des marques réputées, ils fondè- « rent à l'étranger des agences, des comptoirs et, *à partir* « *de ce moment, la ganterie prit un nouvel essor!* »

Nos consuls, qu'on accuse souvent à tort et dont on ne lit pas les rapports, ont maintes fois signalé les agissements tout opposés des fabricants étrangers : « Le commerce fran- « çais, en Australie, écrivait l'un d'eux en 1890, aurait « besoin, pour devenir plus important et moins aléatoire, que « des maisons françaises vinssent y installer des succur- « sales, des comptoirs de vente à la commission, — c'est ce « que les Allemands ont parfaitement compris : à Sidney, « comme à Hong-Kong, on trouve de grandes maisons alle-

« mandes auxquelles les producteurs peuvent en toute sûreté
« confier l'écoulement de leurs articles... » *(Bulletin consulaire français,* 1891.)

Nous terminons par un fait caractéristique :

« Les joncs et les bambous employés pour la confection
« des manches de parapluies, nous *viennent en grande par-
« tie du Tonkin par l'entremise de maisons* ANGLAISES !... »
(1890, *Rapport de la Chambre syndicale de l'Industrie du
parapluie.)*

Une autre cause grave de dépression du commerce français est le goût de la spéculation qui s'est développé d'une
façon extraordinaire à notre époque.

Avec la perspective riante d'un enrichissement rapide, les
paresseux qui désirent arriver vite à la position enviée de
rentier, se lancent dans des spéculations hasardeuses dont le
résultat le plus immédiat est de troubler profondément le jeu
régulier des affaires, de produire des oscillations artificielles
et brusques dans les prix, de répandre la défiance, de décou-
rager le trafic honnête, entraîné dans les catastrophes que
ces faits amènent.

Tous ces inconvénients qui, jadis déjà gênaient l'expansion de la production française en enrayant l'écoulement de ses articles, ont pris de nos jours une importance
extrême. Les commissionnaires tiennent le marché : avec la
concurrence effrénée que nous constatons chaque jour, il
suffit d'une différence de prix très faible pour entraîner au
loin, même à l'étranger, les commandes que nos nationaux
recevaient souvent depuis bien des années.

On tend donc à vendre à tout petit bénéfice : mais il faut
alors un chiffre élevé d'affaires pour retirer un profit acceptable. Le commerce français doit donc tendre à élargir sa
clientèle par un effort considérable et direct, — il doit renon-
cer aux avantages ruineux de la commission et pratiquer la
vente par lui-même.

Si une action énergique n'a pas lieu dans ce sens à bref délai, la production française perdra peu à peu ses débouchés, écartée qu'elle est déjà par une concurrence active et qui peut donner des articles similaires aux siens et à bien meilleur compte.

Un débouché tout indiqué pour les produits de la métropole est le marché qu'offrent *les colonies*. Examinons quelle est la situation de la France à ce point de vue.

LES COLONIES

De tous temps, nos rapports commerciaux ont été réglés par ce principe : *le commerce colonial doit être réservé à la métropole.*

On a donc englobé toutes nos possessions dans la zone douanière nationale en leur appliquant les tarifs généraux. Toutefois, nous faisons payer à certains produits coloniaux la moitié seulement du droit inscrit au tarif minimum, tandis que d'autres payent le droit entier.

Cette façon de procéder n'est pas en rapport avec la situation économique et la production des colonies françaises : celles-ci, en effet, sont toutes des pays à *production naturelle prépondérante*, l'industrie y est nulle ; le *libre-échange* est donc le régime qui leur conviendrait. Le régime de protection partielle qu'on leur impose est dès lors un obstacle à leur développement et une entrave à leur prospérité ; n'ayant que peu de capitaux disponibles, les achats à la métropole sont restreints.

Dans un rapport officiel, daté de 1889, la Chambre de commerce de Saïgon exprime tous ses regrets de l'application du tarif général et proteste « contre le régime néfaste qu'elle « subit depuis 1884 et qui a été l'une des causes principales, « sinon de la ruine, au moins de l'appauvrissement considé- « rable d'une colonie que le régime de la liberté commerciale

« avait faite riche et prospère et qui ne demandait qu'à se
« développer encore..... »

« ..... Les importations de la métropole ont suivi le ralen-
« tissement général des affaires. »

« ..... En 1884, il y avait à Saïgon 6,855 patentés, après la
« mise en vigueur du tarif de la métropole. Ce nombre descend :

« En 1885, à............................ 5,661
« En 1888, à............................ 5,350
« En 1889, à............................ 4,850
« En 1891, à............................ 3,790
« En 1892, à............................ 3,322 »

Que dire des colonies non encore organisées dont l'écoulement des produits naturels devrait être au contraire facilité
pendant plusieurs années ?

C'est seulement quand les colonies sont prospères, qu'elles
écoulent facilement leurs produits, que le commerce national
peut trouver un marché avantageux pour ses objets manufacturés.

.·.

Nous possédons des documents nombreux pour développer,
s'il est besoin, tous les points spéciaux que soulève l'étude
qu'on vient de lire ; nous n'avons fait que les indiquer ici
sous une forme didactique en rapport à l'ensemble de notre
travail.

Il est donc désireux que les chambres syndicales, les groupes corporatifs, etc., favorisent la formation d'un personnel
de courtiers voyageant à l'étranger et recherchant la clientèle directe pour le producteur.

Plusieurs industries similaires pourraient s'entendre au
début pour employer un seul et même agent, — la grande lutte,
à ce point de vue, aura lieu avec les agents anglais que l'on
rencontre partout, même dans les régions les plus éloignées.

L'activité de la race, ses rares qualités d'initiative et d'endurance, font des Anglais de dangereux concurrents, mais si l'esprit national était dirigé de ce côté, certains Français ne seraient pas inférieurs à nos voisins d'outre-mer.

CONCLUSIONS

Lorsque le lecteur sera arrivé à cette partie de notre étude, il se posera certainement cette question : Quelle peut être la conclusion rationnelle à formuler dans ce débat ? Nous nous empressons de rappeler que notre but était de présenter une étude aussi approfondie que possible sur la question économique, qui, à notre avis, à l'heure actuelle, doit appeler l'attention des hommes du gouvernement de la France et de tous ceux qui s'intéressent à l'avenir de notre pays. Nous sommes loin de prétendre que nous aurons réussi, mais nous aurons au moins ouvert le débat en présentant la question d'une façon nouvelle.

Il est temps de porter nos regards sur la situation économique générale de la France ; nous venons de passer un certain nombre d'années, qui peuvent servir d'expérience, avec un régime douanier généralement très protecteur ; nous n'en nierons pas les bienfaits sous un grand nombre de points de vue, mais nous ne saurions cacher notre sentiment sur son résultat dans beaucoup de cas. L'étude qui précède montre notre infériorité sous le point de vue industriel, alors que la production agricole, dégrévée, réformée, mieux menée tant par les propriétaires de toutes les classes que bien secondée par le Gouvernement, devrait donner une surproduction considérable, permettant à la France d'approvisionner tous ses voisins d'Europe importateurs forcés de produits alimentaires.

Il faut voir aussi plus loin et étudier si les capitaux français, ne trouvant pas d'emploi dans la haute industrie nationale, ne s'en vont pas à l'étranger chercher des profits plus rémunérateurs ; que l'on consulte donc tous les trésoriers payeurs généraux et gageons qu'ils donneront de précieux renseignements tout en sauvegardant le secret professionnel. Cette fuite de capitaux constitue un danger dont on risque de ne s'apercevoir que trop tard! Il faut éviter la secousse!

⁂

Comme on l'a vu dans le début de cette étude, il est impossible de préconiser un système et d'accepter *à priori* l'un ou l'autre; on ne peut plus aujourd'hui, avec les facteurs nouveaux qui se sont introduits dans la question, être protectionniste ou libre-échangiste. Les transports ont depuis trente ans bien modifié les événements, les changes, avec certains pays, ont complètement transformé les facilités des transactions internationales, mais il reste des faits qui indiquent les tendances vers lesquelles nous devons aspirer. L'exemple des pays que nous nous sommes donné la peine d'étudier aussi profondément que possible, quoique d'une façon synthétique, sont frappants et peuvent fournir une précieuse indication. Il est certain que l'Espagne ne serait pas réduite au point où elle est si elle était entrée résolument dans la voie de la liberté commerciale. L'Angleterre ne serait pas le premier pays industriel du monde s'il fermait ou avait fermé depuis longtemps ses frontières. Nous ne disons pas de baser notre régime sur le sien, *ne quid nimis,* nous avons du reste prouvé, que nous ne le pouvions pas; mais nous ne pouvons nier ce qui est éclatant d'évidence, c'est que cette liberté commerciale a fait de ce pays le premier des producteurs industriel et le plus riche d'Europe.

⁂

Nous avons déclaré que nous ne voulions pas faire de politique, nous trouvons qu'on en fait trop en France; nous ne sommes inféodés à aucune école spéciale, nous avons témoigné de notre indépendance, et nous insistons sur ce point c'est que la question économique dont nous venons de donner une esquisse, n'est pas connue, n'est pas approfondie, n'est pas mise à jour, précisément parce qu'on fait trop de politique. Loin de nous la pensée de paraître les adversaires du cabinet Méline, dont les tendances prédominantes sont dirigées vers la protection ; je déclare loyalement que nous sommes d'accord sur beaucoup de points, je n'en veux pour preuve que les paroles prononcées le 6 septembre dernier à Epinal par M. Boucher : « Nous ne disons pas que nous « maintiendrons toujours les barrières douanières si l'ali-« mentation du peuple français est menacée, mais nous « voulons d'abord favoriser le marché français jusqu'à ce « qu'il nous soit prouvé qu'il n'est pas suffisant. » Ce langage élevé et éminemment patriotique prouve que dans les hautes sphères gouvernementales il n'y a aucun parti-pris, ni l'acceptation *à priori* d'un système ; nous nous en réjouissons et formulons le vœu que toutes les questions intéressant la masse des Français agriculteurs, industriels, commerçants, soient considérées sous le point de vue signalé par M. le Ministre du Commerce ; nous sommes sûrs qu'il en résultera une situation autrement bienfaisante pour l'ensemble de la nation.

Nous nous résumerons donc en rappelant un passage de notre étude. Notre opinion est que le régime qui doit favoriser le plus la France est celui dont les tendances seront dirigées vers le libre-échange.

NOTES ET ADDITIONS

Ce travail était préparé depuis plusieurs années et contenait l'exposé des conclusions que l'on pouvait tirer des documents recueillis et classés par nous ; au moment de mettre sous presse, nous nous sommes demandé sous quelle forme nous le présenterions pour qu'il soit complètement à jour, et, toute réflexion faite, nous avons pensé préférable de conserver la forme originale, sauf à compléter et modifier certains points : tel est le but de ces notes.

.·.

La question des statistiques douanières, nous amenant aux sévères conclusions qu'on a lues, bien que basées sur des documents précis et cités avec soin, nous préoccupait particulièrement. Aussi avons-nous demandé à notre ami M. A. Rémond, l'ingénieur qui fut chargé des essais d'application des Rayons X aux Douanes françaises, et qui nous avait donné déjà d'utiles indications, de vouloir bien revoir cette partie de notre brochure et nous donner son avis à ce sujet. M. Rémond, ayant dû étudier à fonds et suivre jusqu'aux moindres détails le fonctionnement des services douaniers, était placé mieux que personne pour traiter ce point tout spécial.

Voici la lettre qu'il nous écrivit à ce sujet :

....

« Je vais donc, pour satisfaire à votre désir, passer
« rapidement en revue les points qu'il me semble nécessaire de
« rectifier. Vos conclusions, basées sur une étude bibliogra-
« phique, ne sont pas exactes dans leur ensemble.

« Bien que je me sois jadis laissé convaincre par votre
« argumentation, je dois dire que la connaissance profonde

(¹)

« que j'ai dû acquérir *de visu* du fonctionnement des services
« de Douanes, au cou.s de mes essais et expériences, m'a
« amené à voir tout autrement.

« D'une manière générale, la Douane française se préoccupe
« avec un soin méticuleux de tous les éléments de recette ; elle
« n'en néglige aucun. Pour n'en donner qu'une preuve, je
« citerai l'initiative hardie prise par M. Pallain, le directeur
« général actuel, de faire procéder au moyen des Rayons X à
« l'examen des colis postaux venant d'Algérie et de Tunisie et
« dont le nombre est considérable. Entrant en franchise, ces
« colis étaient un des véhicules de fraude les plus simples ;
« leur envoi irrégulier en rendait à certains moments l'examen
« illusoire à cause de la surcharge de travail. Or, bien
« qu'aucun mode de production des Rayons X vraiment
« industriel ne fût connu au mois de juin dernier, M. Pallain
« n'hésita pas à employer provisoirement des appareils de
« laboratoire.

« Disons à ce sujet que l'emploi de la machine statique
« semble résoudre la question d'une façon complète et que pro-
« chainement toutes les vérifications *possibles* à la Diascopie
« se feront ainsi. A un autre point de vue, la Douane compte
« parmi ses agents un grand nombre de vérificateurs habiles,
« instruits, qui deviennent rapidement connaisseurs. Je pour-
« rais citer maints exemples : l'un des derniers est la lutte
« homérique de plusieurs experts civils contre M. M....., le
« distingué inspecteur de Lyon-Bercy, qui convainquit ces
« experts de la *facture moderne* de lots importants de
« meubles anciens qu'on voulait faire passer comme anté-
« rieurs au XVIIIe siècle, c'est-à-dire *en franchise*.

..

« J'ai lu avec plaisir, dans votre texte, que l'une de vos
« critiques personnelles était la suivante : *On ne raisonne*
« *que les chiffres de valeur*.

« Eh ! oui — et c'est là l'une des causes d'erreurs les plus
« considérables qui existent dans ces questions ; les chiffres
« en *quantités* des douanes françaises sont aussi près de la
« vérité qu'une organisation humaine le permet ; mais où
« nous arrivons en plein domaine de la plus haute fantaisie,
« c'est dans l'évaluation des *valeurs en douane*. Justement
« émue des critiques bien fondées que tous les économistes
« s'accordaient à adresser à ces évaluations, l'Administration
« a réformé entièrement, il y a quelque temps déjà, tout ce
« qui concernait les valeurs en douane ; et, à condition de
« ne pas comparer les chiffres anciens, *erronés*, aux chiffres
« nouveaux, qui sont *vrais*, on aura là des documents aussi
« précieux maintenant qu'ils étaient fastidieux jadis. Per-
« mettez-moi d'ajouter que M. Hayem n'ignorait pas, dans
« ses raisonnements d'une clarté si lumineuse, quelle pétition
« de principe il faisait, en s'appuyant sur les *valeurs en*
« *douane !*

« Composée de personnes très honorables, mais pour la
« plupart retirées des affaires, qui trouvaient là un poste
« honorifique servant à rougir une boutonnière ou à y placer
« la rosette, la Commission des valeurs en douane, sachant
« d'autre part que ses chiffres n'avaient aucune sanction
« pratique, y attachait peu d'importance. Aussi trouve-t-on
« pendant dix ans la même évaluation pour la *valeur en*
« *douane* du sapin de Norwège, pour observer tout à coup,
« au renouvellement d'une partie de la Commission, une
« augmentation du double, qui, d'ailleurs, une fois le pre-
« mier zèle passé, se maintient pendant quinze années avec
« la même fixité que le chiffre précédent.

« On m'a dit à propos de cette critique adressée aux
« valeurs en douane et à la Commission qui les fixe, que la
« crainte de donner un point de repère aux industriels
« nationaux ou étrangers semblait être la cause la plus
« importante qui avait amené les anciennes Commissions à

« inscrire des chiffres *quelconques* et souvent *invraisem-*
« *blables*. On m'a affirmé aussi que la nouvelle Commission
« ne suivait pas ces errements : tant mieux.

« Je me suis demandé pourquoi ces chiffres de valeur en
« douane, présentant si peu d'importance pour ceux qui les
« établissaient, en prenaient autant dans les discussions et
« la polémique ; il me semble que les publicistes quotidiens,
« les politiciens à discours sensationnels, ont trouvé dans
« cette transformation déformante des *quantités*, exigeant
« une étude approfondie, une connaissance du sujet qu'on
« traite, en *valeurs* n'en exigeant pas d'autre que l'addition
« et la soustraction, le joint qui leur permet de parler de
« choses qu'ils ignorent.

.·.

« Que vous dirai-je de l'ensemble de vos conclusions ?
« qu'elles me semblent absolument justes et que si notre pays
« ressent l'état de malaise que tout le monde éprouve, c'est
« un peu la faute de tout ce monde.

« Le Français veut *avoir une place ;* pour lui, être fonc-
« tionnaire est l'idéal. Combien sont plus pratiques les
« Anglais dont vous avez fait une magistrale étude ; leur
« production industrielle est colossale et s'accroît chaque
« année : c'est qu'une nuée de jeunes gens hardis, vigou-
« reux, font le placement au dehors de cette fabrication. La
« classe des courtiers de commerce, des représentants, des
« voyageurs, jouit en Angleterre et en Allemagne d'une
« considération méritée qu'on lui refuse trop en France.

« Et cependant quel vaste champ ouvert à l'activité de
« tous ces diplômés qui percent leurs coudes en déplorant
« l'encombrement des carrières. Mais, paresseux que vous
« êtes, si dure que soit cette appellation que j'ai le droit de
« vous adresser, donnez donc au sol natal, au commerce et
« à l'industrie de votre pays, cette somme de travail qui

« glisse dans vos veines et n'aboutit actuellement qu'à des
« paroles de regret.

« Soyez moins *chauffe la couche ;* quittez Paris, quittez
« vos villes de province ; *les uns,* retournez à la terre, et si
« vous vouliez seulement pendant un an appliquer votre
« savoir et votre intelligence à la culture rationnelle, à celle
« que les maîtres de la Science s'efforcent de diffuser, vous
« trouveriez là un aliment intellectuel autrement attachant
« que la plaisanterie des ronds de cuir aux chaises desquels
« vous aspirez. *Les autres,* consacrez-vous à la représen-
« tation commerciale et industrielle ; munis d'une connais-
« sance approfondie des produits que vous devez faire
« connaître, faites-vous vulgarisateurs, employez cette faci-
« lité d'élocution qui vous caractérise, je ne dirai pas à
« *vanter* votre marchandise, mais seulement à en faire saisir
« toutes les qualités.

« A ce sujet, combien de fois n'ai-je pas entendu les
« plaintes des industriels français qui veulent se procurer
« un matériel neuf par exemple ; alors qu'ils ne peuvent
« obtenir des maisons françaises que des prix de détail,
« toujours incomplets, ne comprenant ni le transport, ni les
« droits de douane, les maisons anglaises ou allemandes font
« un forfait, *rendu et déposé* à tel endroit. Plusieurs m'ont
« avoué que cette certitude dans la dépense pour obtenir un
« résultat déterminé, les avait conduits à repousser les offres
« françaises ! Triste évidemment, mais que cet aveu soit un
« enseignement pour d'autres et que nos jeunes voyageurs
« de commerce se donnent la peine d'apprendre le manie-
« ment des tarifs de transport, la rédaction d'un *devis*
« *complet,* etc. Et je suis bien sûr que la qualité hautement
« reconnue de leurs marchandises aidant, ils emporteront
« des ordres qu'autrefois ils sollicitaient sans succès. »

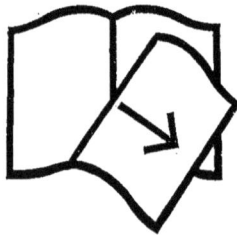

Documents manquants (pages, cahiers...)
NF Z 43-110-10

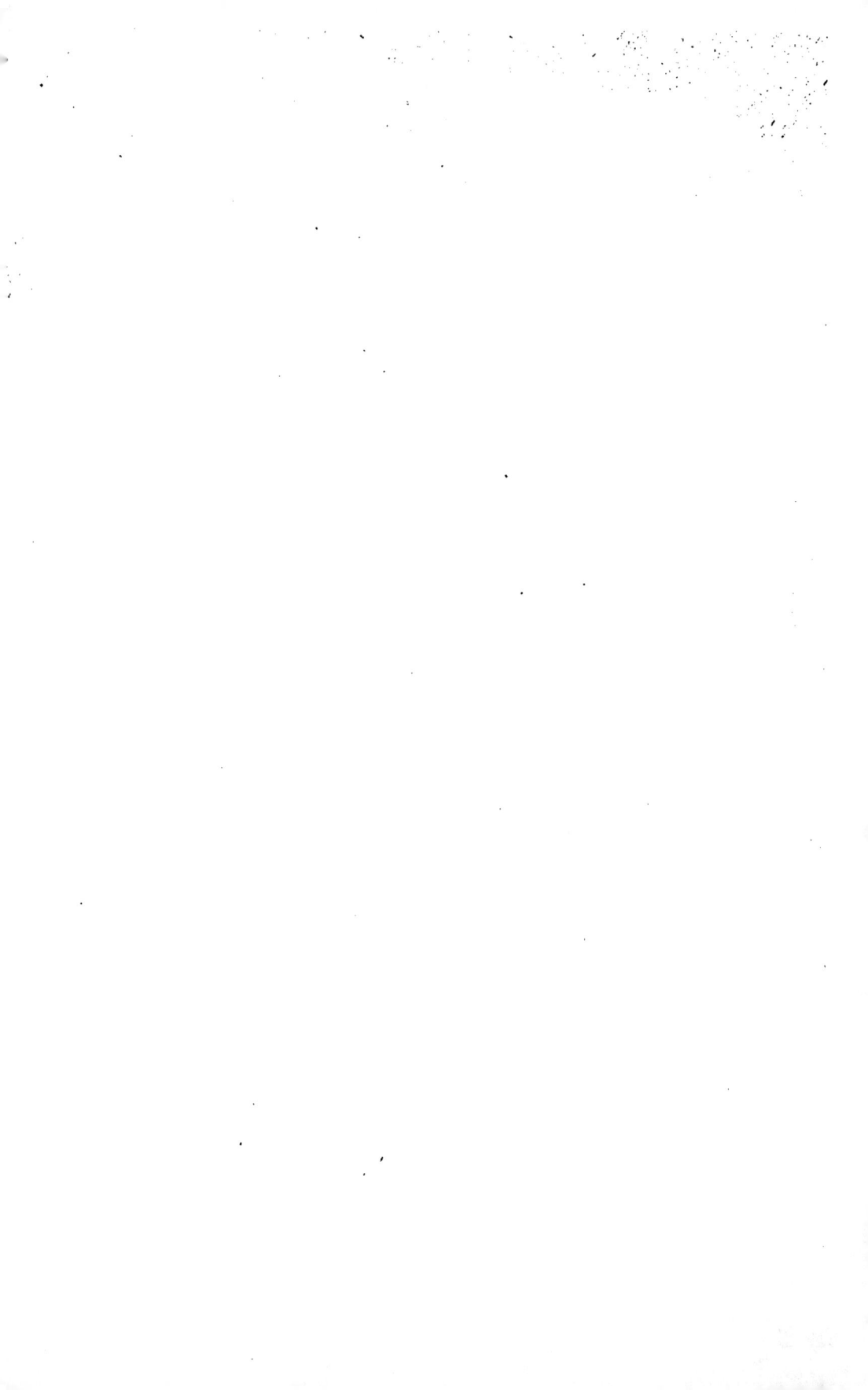

www.ingramcontent.com/pod-product-compliance
Lightning Source LLC
Chambersburg PA
CBHW062012200326
41519CB00017B/4781